KB126060

색다른교회

교회건축&
리모델링

"차별화된 특수목회를 담는 용기의 개념..."

구약에 근거한 신성과 절대성의 개념이 종교관의 중심축을 이루면서 정통형식의 일괄된 교회 문화가 수세기간 유지되어 왔다.

근래에 신약적 개념이 확산되면서 차별화된 특수목회가 다양한 방법으로 시도되게 되었으며 그 방법론과 함께 방법을 담는 용기의 개념과 형태에도 많은 변화가 있게 되었다.

특히 외관 중심의 건축 형식에서 사용자 중심의 실내 건축으로 중심개념이 옮겨지면서 디자인이 건축물의 중요한 요소로 자리잡게 되었으며 감성시대의 트랜드로 색채계획이 전면으로 나서게 되었다.

색채와 디자인은 어떠한 매체보다 인간의 감성을 가장 효과적으로 반응하게 하는 도구인 것이며 교회 건축을 다루는 설계자부터 그 개념을 새롭게 인식하게 될 때 교회건축의 차별화, 다양화와 더불어 그 완성도를 높일 수 있는 것이다.

저자 장형준 교수는 디자인의 불모지였던 한국 교회건축분야에 디자인 설계와 색채계획을 적극적으로 도입한 개척자이며 동시에 다중 집회시설의 시공기술 분야까지 다져나간 전문가이다. 그동안의 작품들을 엮어 귀한 자료집을 발표하게 된 것을 진심으로 축하하며 이 자료집이 창의적인 교회를 계획 하는데 참신한 지침서가 되리라 확신한다.

홍익대학교 색채디자인 연구센터 소장
홍익대학교 조형대학 교수 / 박 연 선

신약적 개념의 빛, 그리고 색채

교회디자인의 초창기,
그때는 상징적 의미, 전통적 개념의 턱이 너무 높았다.
교회의 무표정을 통한 카리스마를 바꾸는 자체가 도전일 수밖에 없었으며
작은 변화에도 무수한 벽을 넘어야 했던 시절이 있었다....

전통적 의미에 의하여 제한되어 왔던 실용적 공간계획이 끝없는 실험을 통하여 그 가치에 대한 당위성이 입증되면서 절대적인 의미가 상대적으로 수정되어 온 것이 역사적 사실이다.

올바른 디자인 계획이란 합리적인 조형성으로
경제적이고 기능적인 공간을 연출하는 것을 말하는 것이며
"화려함을 걷어내면 순백의 영성이 보이고,
장식성을 걷어내면 산소같은 인성이 보인다"
라는 말로 축약할 수 있을것이다.
종교건축에 관한 책자는 매년 수종이 발간되지만, 교회디자인 전반을 다룬
책자는 찾아보기 힘들었다.
이번 자료집 "색다른교회" 에서는 외관은 물론, 리모델링에서 인테리어,
시각디자인까지 다양한 자료를 수록 하였다.

저 자 / 장 형 준

CONTENTS

색다른교회 1

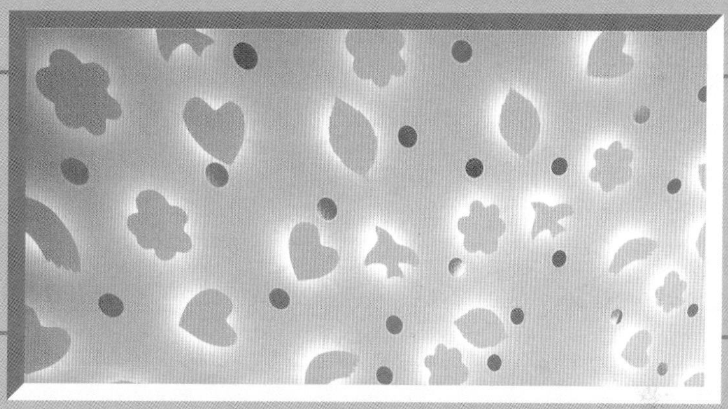

- 이제는 교회도 디자인시대
- 색채 계획 — 최소비용으로 최대효과
- 조명 / 음향, 영상 / 냉 · 난방
- 부록 / 원스톱 건축시스템
- 소규모 교회(Building Church)

국민일보

교회 디자인, 색과 조명만 잘

교회공간연구소 '필' 장형준 소장의 디자인 혁신 사례

서울지하철 2호선 아현역에서 이대역 쪽 경사도로 왼쪽을 걷다 보면 교회 현관으로 바로 들어설 수 있는 아현교회 예배당을 만난다. 고개 언덕을 파내고 건축한 형태다. 1990년 연건평 2700㎡(830평)에 이르는 적벽돌조 새 예배당을 헌당했다. 전형적 고딕양식이다. 아현교회는 1930년 설립됐다.

교회 앞 도로는 좌우로 결혼식 드레스 가게가 많아 웨딩타운 특화거리다. 80~90년대 혼인 준비는 대개 이곳에서 시작됐다. 웨딩 점포가 줄지은 가운데 '진한' 유흥주점도 줄지어 있다.

아현교회는 유흥주점이 끝나는 부분에 오아시스처럼 위치했다. 때문인지 적벽돌 예배당도 '키치(kitch)'한 길거리 분위기의 피해를 봤다. 성스러운 문양의 스테인드글라스마저 묻혀 버리는 풍경이었다.

그런데 2014년 3월 아현교회 현관에 높은 채도의 색상이 주어지면서 경쾌한 이미지로 바뀌었다. 버스를 타고 이 도로를 지나는 이들의 눈에도 훅 들어오는 변화였다. 성전 건축을 했나 싶지만 그건 아니다. 현관 구조 변경만 했을 뿐이다.

현재 아현교회는 2층 높이 현관 전면에 겨자색과 카키브라운 색깔의 시설물을 기존 벽돌에 덧대 온화하면서도 고상한 느낌을 준다. 3개의 문 가운데 왼쪽 2개문은 본당 출입구로 겨자색 테두리다. 그리고 오른쪽 동일한 크기의 문은 카페 '엘림'이다. 박스 형태의 겨자색 카페 간판은 일체감을 준다. 친근한 한글 흘림체다. 카페는 시민 누구나 다가갈 수 있도록 편안한 실내 인테리어로 마감했다. 많은 돈 들이지 않은 디자인이 교회의 이미지를 바꾼 것이다.

이 작업은 교회공간연구소 필의 장형준 소장(서울 온누리교회 장로·전 홍익대 산업대학원 교수)이 이끌었다. 색채학자이자 교회리모델링 전문가인 그는 디자인설계 중심의 교회건축 연구를 해 왔다. 다음은 그가 설계한 교회 디자인 혁신의 두 사례.

로고스교회는 서울 강남지역 중형 교회에 속한다. 그러나 많은 성도를 한꺼번에

장형준 교회공간연구소 '필' 소장

아현교회
겨자색과 카키브라운 색깔 시설물
기존 벽돌에 덧대 온화한 느낌 줘
현관에 높은 채도 색을 주면서
많은 돈 안들이고 경쾌한 이미지로

로고스교회
장의자 버리고 화이트풍 원탁 배치
소예배실 공간 활용도 높여
세미나 등 다양한 용도로 쓸수 있게

옥수교회
1층 키즈카페, 어린이와 보호자가
편안하게 이용할 수 있게 동선 배려
색·조명·가구 재질 등 편의성 우선

수용할 수 있을 만큼 연면적이 넓지 않아 늘 공간 활용에 애를 먹었다. 지금은 색과 빛, 공간분할을 통해 온화한 느낌의 지역사회 공간으로 변신했다.

새 디자인설계 가운데 손꼽을 곳은 330㎡의 소예배실. 성전이 갖는 권위를 잃지 않으면서도 공간 활용도를 높이는 디자인설계를 적용했다. 과감히 장의자를 버리고 그린과 화이트풍 원탁테이블, 개별형 의자를 배치했다. 공간 분할을 통해

웨딩타운과 유흥주점이 밀집한 서울 서대
해 밝게 바꿨다.

의자와 테이블 이동을 손쉽게 했다.

소예배실의 혁신은 주방을 도입한
서 시작됐다. 환풍과 통풍이 원활하
설계해 세미나, 그룹 모임, 카페테리아
다양한 용도로 쓰도록 유도했다. 예
교제가 분리된 것이 아님을 디자인을
해 알려주는 셈이다.

성동구 옥수교회는 상가건물에 빨
어 특징을 갖지 못했다. 교회 측은 1

서울 서초구 로고스교회 소예배실. 강단
라운드 테이블 배치를 보여주고 있다.
방에서 음식을 내올 수 있다.

2017년 6월 20일 (화)
33면 종교

도 70~80% 성공

리' 근처 아현교회 현관. 적벽돌 예배당 구조로 무거운 분위기였으나 주출입문 디자인설계를 통
강민석 선임기자

카페를 만들어 지역사회와 호흡했으 정작 그 카페를 교회 밖에서 보면 아주 했다. 설계자는 신발을 벗어야 하는 과 장판 등을 걷어 내고 내추럴한 라 테이블과 수지 제품의 미끄럼틀 등 들여왔다. 부모가 라운드 테이블에서 들에게 보호의 눈길을 주며 어른들끼 제할 수 있도록 꾸민 것.

리모델링은 조명과 색, 이 두 가지만 잘 바꿔도 70~80% 성공합니다."

장형준 소장의 이 같은 생각이 키즈카페 리모델링 작업에 적용됐다. 공간은 동선에 따라 이용자가 앉든 서든 눕든 어떤 자세를 취해도 편안하도록 색과 조명, 재질을 고려했다. LED를 이용한 디자인간판 '올리브 나무 작은 도서관'도 조명과 색의 조화가 잘 이뤄진 사례다.

전정희 선임기자 jhjeon@kmib.co.kr

중의 교제를 위한 활용시 '감춰진' 주

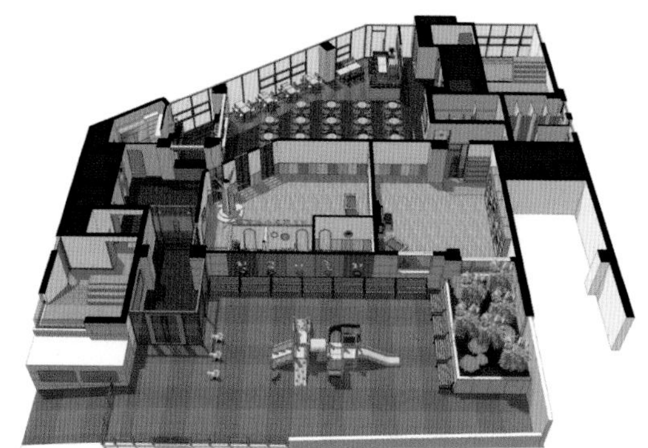

서울 성동구 옥수교회 키즈카페 공간배치 스케치. 어린이와 보호자가 함께 편안하게 이용할 수 있도록 가구와 동선 등을 배려했다. 아이들의 공간을 지나면 사무공간과 소예배실 등이 이어진다.

다방이 디자인으로 승부해 세련된 커피 전문점으로 바뀌고, 동네 구멍가게 역시 열악한 환경을 개선해 24시 편의점으로 탈바꿈하였다. 치열한 경쟁 사회에서 시대의 흐름을 타고 각고 끝에 살아 남기 위해 변신하고 있는 대표적인 예이다.

'성과 속' 이라는 이분법을 적용하고라도 교회의 뒤떨어진 건축환경을 지적하기 위해 다방과 구멍가게의 예를 드는 것은 뭔가 적절하지 않은 면이 있다고 생각 할 수 있다. 그러나 과거 서양 건축물의 경우 교회가 그 시대의 건축 양식을 대표하고 문화 예술을 이끌어왔다는 점을 생각할 때 우리의 교회가 문화적인 면에서 세상과 동떨어지다 못해 도태된 것이 사실이다.

거룩을 표방하며 이 변화를 거부하는 교회들의 완고함. 나는 영적으로 앞설테니 세상은 문화적으로 앞서라고 말 할텐가?

필자는 감히 말하고 싶다. 이것은 프로테스탄트 정신이나 청교도적 금욕주의 또는 전통성 고수 등의 개념적인 문제가 아니라 충격적으로 변화되고 있는 문화적인 흐름을 직시하지 못해 생긴 뒤떨어진 문화 의식이 문제인 것이다.

이제는 마음의 문을 열어 시대의 문화적 흐름을 받아들이고 나아가 새로운 기독교 문화를 창출해야 할 때이다.

영적인 부분에는 발벗고 나서는 사람들이 이런 태도를 보이는 것을 보면 아직도 우리가 몸담고 사는 환경 따로 영적인 문제 따로 구분해서 적용하는가 보다. 이제는 공동체의 환경 개선에도 영성을 불어넣어야 할 것이다.

교회디자인의 차별성

▪ 최고급은 컴플렉스의 발상 - 화려한 분위기는 지양해

교회는 여러 계층의 사람들이 모이는 장소이다. 교회를 멋지게 꾸미겠다는 의욕만 앞서서 무분별하게 화려한 색상의 도장을 하거나 요란한 수입벽지를 사용하고 값비싼 대리석이나 거창한 샹데리아를 선택하면 많은 교인들의 마음에 위화감을 줄 수 있다.

사실 올바른 디자인 계획이란, 합리적인 조형성으로 경제적이면서도 기능적인 공간을 연출하는 것을 말한다.

▪ 잔잔한 배경 음악 - 튀는 디자인은 삼가해야

상업적인 디자인을 세련돼 보인다고 해서 분별없이 교회에 접목하면 실패하기 쉽다. 유흥업소와 매장의 현란한 디자인은 보는 이의 감성을 강하게 자극한다. 그러한 이유로 많은 분야에서 이러한 상업주의적 디자인들이 분별없이 시도되어 왔다.

교회 공간의 주역할은 주님을 만나고 우리의 지친 영혼이 위로 받는 만남의 장이며 영적 회복의 장소이다. 교회 디자인은 잔잔한 배경음악 같은 역할을 할 수 있어야 한다.

획일적인 선택 - 어린양을 안은 예수님상

'어린양을 안고 계신 예수상'은 그만그만한 구도로 여러 교회에서 흔히 볼 수 있는 장식이다. 개중에는 별 대안이 없어서 이 그림을 선택했다는 목사님도 있다.
발상의 자유로움이 필요하다. 하나님의 솜씨인 아름다운 자연, 인간애의 표정, 빛의 형상등 얼마나 많은 소재들이 주변에 산재해있는가!

교회의 인테리어와 익스테리어에 있어 전통적이고 진부한 소재에서 벗어나 자유로운 발상으로 교회 문화의 영역을 확장하고 더 나아가 각 교회의 목회 철학에 맞게 개성화 하려는 노력이 필요하다.

변화는 작은 곳 부터 - 세심한 배려와 정성

저렴한 비용으로 따뜻한 분위기를 낼 수 있는 비결은 세심한 배려와 정성에 있다. 새신자 환영회의 하얀 식탁보 하나가 은은한 감동을 준다.
좀 더 세련된 색상과 디자인, 상징적인 픽토그램(공통적 개념의 그림표시)등으로 고민하는 정성이 아쉽다. 교회 구석구석 작은 공간에 조그만 아이디어와 정성이 들어가면 정감어리고 생명력있는 장소로 바뀔 수 있다.

전문가의 자문이 중요하다. - 빨간카펫과 녹색카펫

많은 교회가 디자인계획에서 단견과 열의만 앞세우다가 아마추어 수준을 넘지 못하고 실패하는 경우를 종종 보게된다. 목사님의 상식선에서 관리집사님에게 지시되고, 장로님들도 한몫 거들어 "보혈의 상징인 빨간카펫을 깔자","아니다, 푸른 초장의 뜻을 살려 녹색카펫으로 정해야 옳다" 이렇게 두가지 주장이 며칠을 두고 팽팽히 맞설 때도 있다.
그 분야에 경험이 많은 전문가의 충분한 자문이 요구된다. 작은 공사일지라도 객관적 근거를 토대로 그려진 청사진이 있어야 효과적이고 경제적인 실행을 할 수 있다

색채계획 - 색상(Hue), 명도(Value), 채도(Chroma)의 세계

	10 MR	10 R	10 RO	10 O	10 YO	10 OY	20 Y	20 LY	10 YL	10 L	10 GL
Whithish	20 MR	20 R	20 RO	20 O	20 YO	30 OY	35 Y	35 LY	30 YL	20 L	25 GL
Light	40 MR	40 R	40 RO	40 O	40 YO	60 OY	60 Y	60 LY	60 YL	40 L	40 GL
	60 MR	60 R	60 RO	70 O	70 YO	O.YELLOW	YELLOW	L.YELLOW	Y.LIME	70 L	70 GL
Bright	80 MR	80 R	80 RO	ORANGE	Y.ORANGE	100 OY, 10 K	100 Y, 7 K	100 LY, 10 K	100 YL, 15 K	LIME	G.LIME
Vivid	M.RED	RED	R.ORANGE	100 O, 15 K	100 YO, 15 K	100 OY, 20 K	100 Y, 20 K	100 LY, 25 K	100 YL, 30 K	100 L, 15 K	100 GL, 15 K
Strong	100 MR, 20 K	100 R, 20 K	100 RO, 20 K	100 O, 30 K	100 YO, 30 K	100 OY, 35 K	100 Y, 30 K	100 LY, 40 K	100 YL, 40 K	100 L, 30 K	100 GL, 30 K
Deep	100 MR, 40 K	100 R, 40 K	100 RO, 40 K	100 O, 45 K	100 YO, 45 K	100 OY, 50 K	100 Y, 45 K	100 LY, 50 K	100 YL, 50 K	100 L, 45 K	100 GL, 45 K
Dark	100 MR, 60 K	100 R, 60 K	100 RO, 60 K	100 O, 60 K	100 YO, 55 K	100 OY, 65 K	100 Y, 60 K	100 LY, 65 K	100 YL, 65 K	100 L, 60 K	100 GL, 60 K
Blackish	100 MR, 70 K	100 R, 70 K	100 RO, 70 K	100 O, 75 K	100 YO, 70 K	100 OY, 75 K	100 Y, 70 K	100 LY, 80 K	100 YL, 80 K	100 L, 75 K	100 GL, 75 K
	100 MR, 76 K	100 R, 76 K	100 RO, 77 K	100 O, 82 K	100 YO, 76 K	100 OY, 84 K	100 Y, 76 K	100 LY, 85 K	100 YL, 86 K	100 L, 83 K	100 GL, 83 K

W.Grayish	10 MR, 8 K	10 MR, 20 K	10 RO, 8 K	10 RO, 20 K	14 YO, 8 K	14 YO, 20 K	20 Y, 8 K	20 Y, 20 K	15 YL, 8 K	15 YL, 20 K	15 GL, 8 K
L.Gy	30 MR, 20 K	30 MR, 35 K	30 RO, 20 K	30 RO, 35 K	40 YO, 20 K	40 YO, 35 K	35 Y, 20 K	35 Y, 35 K	30 YL, 20 K	30 YL, 35 K	30 GL, 20 K
M.Gy	50 MR, 30 K	50 MR, 50 K	60 RO, 30 K	60 RO, 50 K	70 YO, 30 K	70 YO, 50 K	60 Y, 30 K	60 Y, 50 K	60 YL, 30 K	60 YL, 50 K	60 GL, 30 K
D.Gy	30 MR, 48 K	30 MR, 65 K	30 RO, 48 K	30 RO, 65 K	40 YO, 48 K	40 YO, 65 K	35 Y, 48 K	35 Y, 65 K	30 YL, 48 K	30 YL, 65 K	30 GL, 48 K

10 G	10 CG	10 C	10 CB	10 UB	10 U	10 PU	10 UP	10 MP	10 M	10 RM
25 G	25 CG	20 C	25 CB	20 UB	20 U	20 PU	20 UP	20 MP	20 M	20 RM
40 G	40 CG	40 C	40 CB	35 UB	35 U	35 PU	35 UP	35 MP	40 M	40 RM
55 G	50 CG	60 C	55 CB	50 UB	50 U	50 PU	50 UP	50 MP	60 M	60 RM
70 G	70 CG	80 C	70 CB	60 UB	60 U	60 PU	60 UP	60 MP	80 M	80 RM
85 G	85 CG	● CYAN	85 CB	80 UB	70 U	70 PU	70 UP	70 MP	● MAGENTA	● R.MAGENTA
● GREEN	● C.GREEN	100 C, 20 K	● C.BLUE	● U.BLUE	80 U	80 PU	80 UP	80 MP	100 M, 20 K	100 RM, 20 K
100 G, 25 K	100 CG, 25 K	100 C, 40 K	100 CB, 25 K	100 UB, 20 K	● ULTRA.M	90 PU	90 UP	● M.PURPLE	100 M, 40 K	100 RM, 40 K
100 G, 50 K	100 CG, 50 K	100 C, 60 K	100 CB, 50 K	100 UB, 40 K	100 U, 20 K	● P.ULTRA	● U.PURPLE	100 MP, 25 K	100 M, 60 K	100 RM, 60 K
100 G, 75 K	100 CG, 67 K	100 C, 75 K	100 CB, 65 K	100 UB, 60 K	100 U, 35 K	100 PU, 35 K	100 UP, 35 K	100 MP, 50 K	100 M, 70 K	100 RM, 70 K
100 G, 86 K	100 CG, 84 K	100 C, 85 K	100 CB, 75 K	100 UB, 75 K	100 U, 50 K	100 PU, 50 K	100 UP, 50 K	100 MP, 65 K	100 M, 78 K	100 RM, 78 K

15 GL, 20 K	14 C, 8 K	14 C, 20 K	10 UB, 8 K	10 UB, 20 K	12 PU, 8 K	12 PU, 20 K	13 MP, 8 K	13 MP, 20 K	15 RM, 8 K	15 RM, 20 K
30 GL, 35 K	30 C, 20 K	33 C, 35 K	25 UB, 20 K	30 UB, 35 K	30 PU, 20 K	30 PU, 35 K	30 MP, 20 K	30 MP, 35 K	30 RM, 20 K	30 RM, 35 K
60 GL, 50 K	60 C, 30 K	60 C, 50 K	40 UB, 30 K	40 UB, 50 K	50 PU, 30 K	50 PU, 50 K	50 MP, 30 K	50 MP, 50 K	55 RM, 30 K	50 RM, 50 K
30 GL, 65 K	30 C, 48 K	33 C, 65 K	25 UB, 48 K	30 UB, 65 K	30 PU, 48 K	30 PU, 65 K	30 MP, 48 K	30 MP, 65 K	30 RM, 48 K	30 RM, 65 K

색채계획 - 최소비용으로 최대효과를

▪ 색채계획은 인테리어 기초공사

색채계획만 잘 세워도 반은 성공한 셈이다. 한정된 예산으로 조형성을 높이는 지름길은 효과적인 색상계획에 있다.
색상은 초록색이나 오렌지색이나 그 값이 같으므로 그 '같은 값'의 효용 가치를 극대화하는 것이다.

▪ 환희와 실망의 교차

인테리어공사 중에는 완성후의 성공 여부를 정확히 인지하지 못하다가 마감재공사 및 도장공사가 완료 되었을 때에야 총체적인 디자인 완성도를 가시적으로 인지하게 된다. 고객의 만족도는 이때에 숨김없이 나타난다. 환희와 실망감이 교차되는 순간이다.
이것이 바로 올바른 색상 선택의 중요도를 말하는 것이며, 건축 인테리어 초기단계에 색상계획을 세워야 하는 이유다.

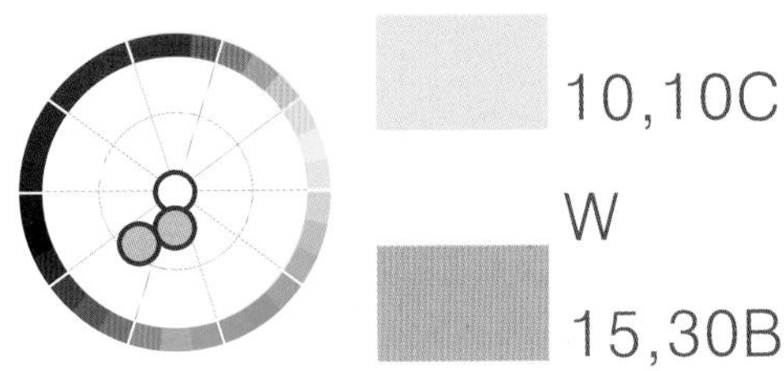

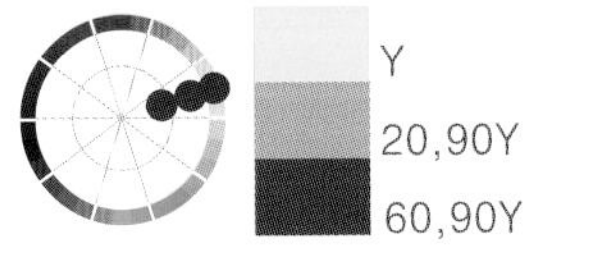

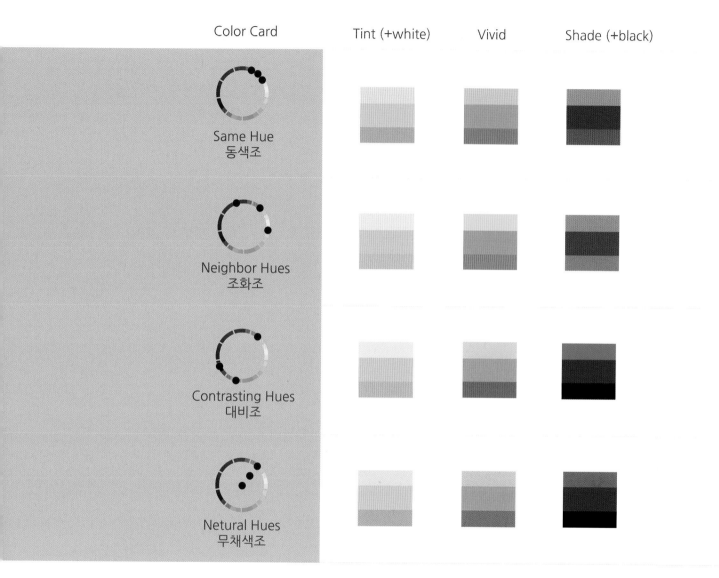

Color Card	Tint (+white)	Vivid	Shade (+black)
Same Hue 동색조			
Neighbor Hues 조화조			
Contrasting Hues 대비조			
Netural Hues 무채색조			

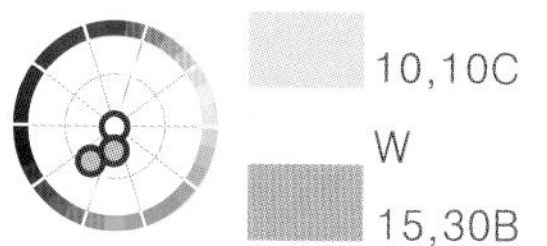

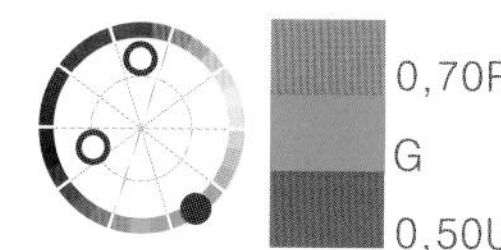

COLOR DNA 복합 30색상 기호

MCM 기호	계통색명 (우리말)	C/M/Y/K
(33:67)% MR	Magenta RED 자(주)빨강	0/100/66/0
(0:100)% R	RED 선빨강	0/100/100/0
(33:67)% OR	Orange RED 주(황)빨강	0/83/100/0
RO	Red ORANGE 빨(강)주황	0/66/100/0
O	ORANGE 선주황	0/50/100/0
YO	Yellow ORANGE 노(랑)주황	0/29/100/0
OY	Orange YELLOW 주(황)노랑	0/12/100/0
Y	YELLOW 선노랑	0/0/100/0
LY	Lime YELLOW 연(두)노랑	12/0/100/0
YL	Yellow LIME 노(랑)연두	29/0/100/0
L	LIME 선연두	50/0/100/0
GL	Green LIME 초(록)연두	66/0/100/0
LG	Lime GREEN 연(두)초록	83/0/100/0
G	GREEN 선초록	100/0/100/0
CG	Cyan GREEN 시(안)초록	100/66/0/0
GC	Green CYAN 초(록)시안	100/33/0/0
C	CYAN 시안	100/0/0/0
BC	Blue CYAN 파(랑)시안	100/17/0/0
CB	Cyan BLUE 시(안)파랑	100/33/0/0
B	BLUE 선파랑	100/50/0/0
UB	Ultra marine BLUE 남(색)파랑	100/66/0/0
BU	Blue Ultra marine 파(랑)남색	100/83/0/0
U	Ultra marine 선남색	100/100/0/0
PU	Purple Ultra marine 보(라)남색	83/100/0/0
UP	Ultra marine PURPLE 남(색)보라	66/100/0/0
P	PURPLE 선보라	50/100/0/0
MP	Magenta PURPLE 자(주)보라	33/100/0/0
PM	Purple MAGENTA 보(라)자주	17/100/0/0
M	MAGENTA 선자주	0/100/0/0
RM	Red MAGENTA 빨(강)자주	0/100/33/0

동적인 (Dynamic)

부드러운(soft)

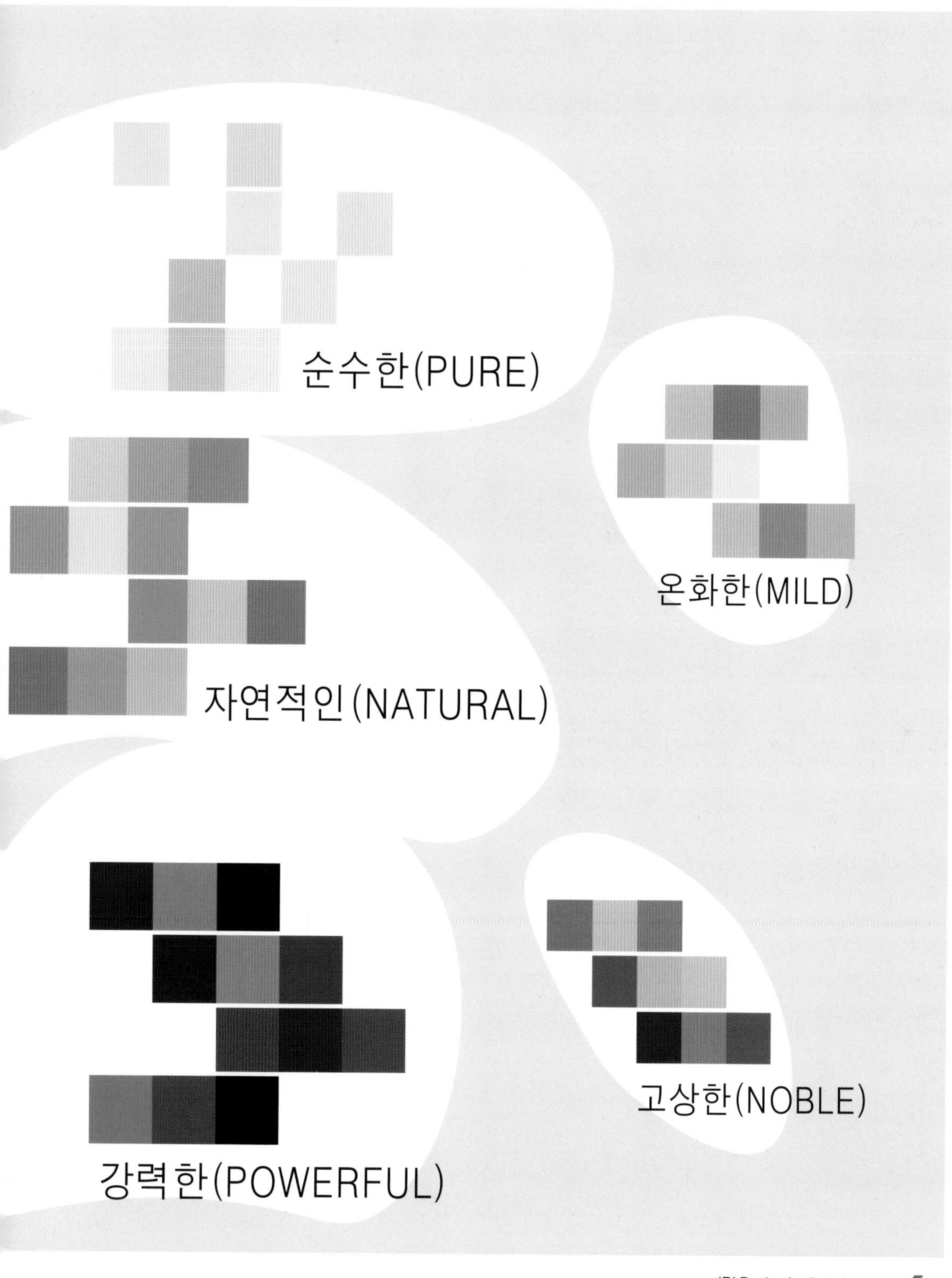

정적인
(Static)

딱딱한(Hard)

색채계획 - 대상자를 배려한 배색

- 예배홀, 중보기도실, 시니어룸

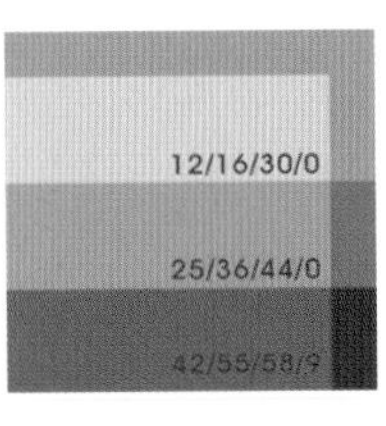

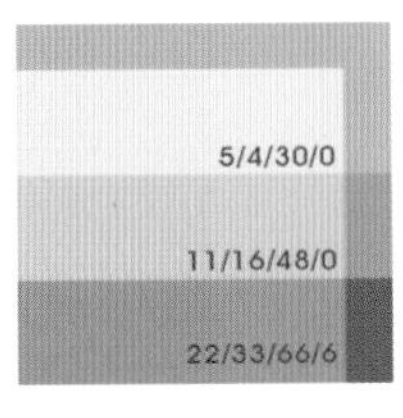

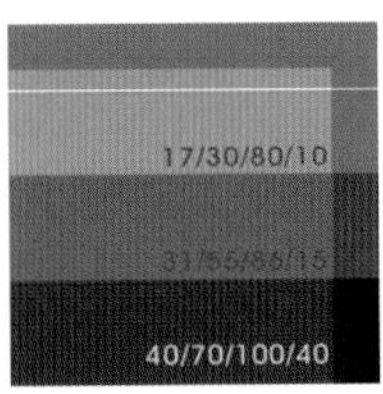

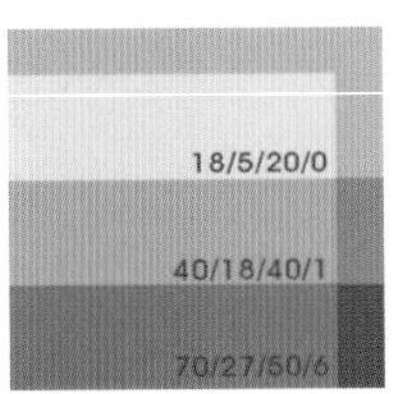

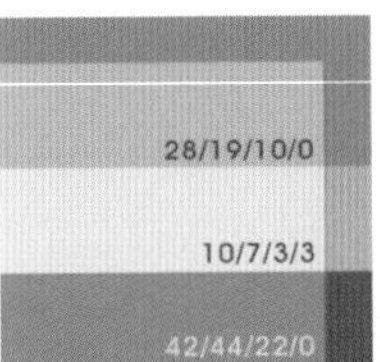

- 비전홀, 영성공간

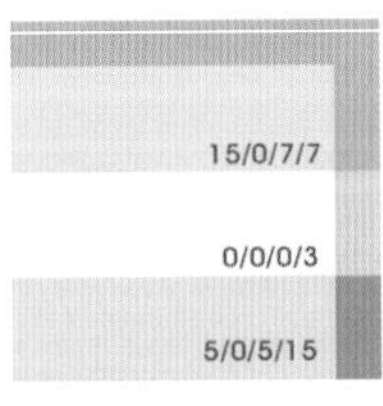

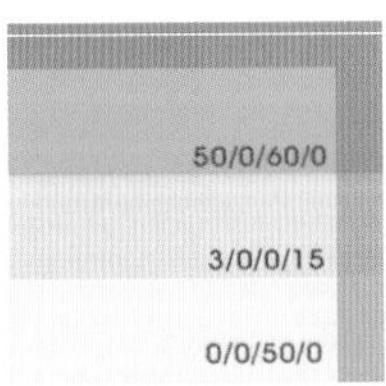

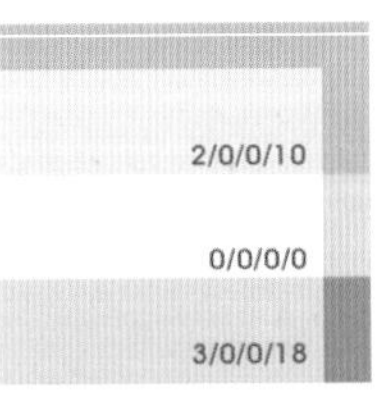

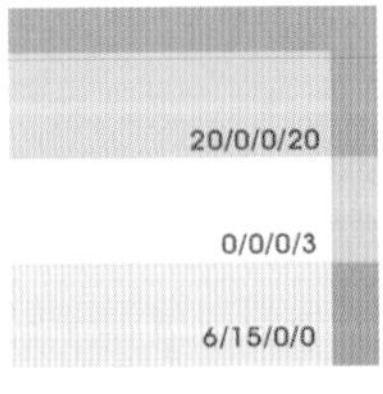

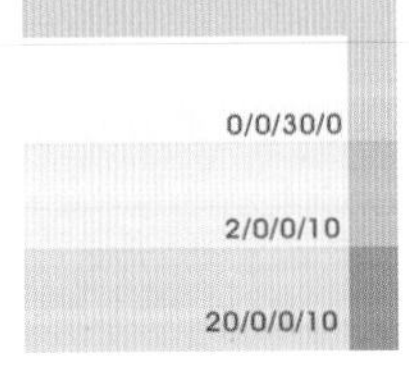

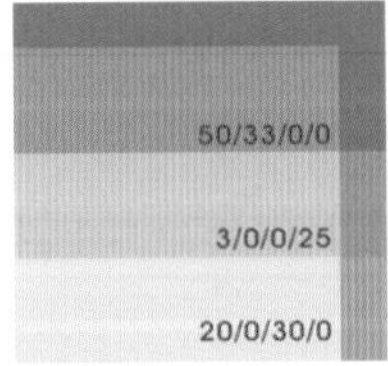

- 대학 청년부, 청소년 교육공간

Modern
모던한

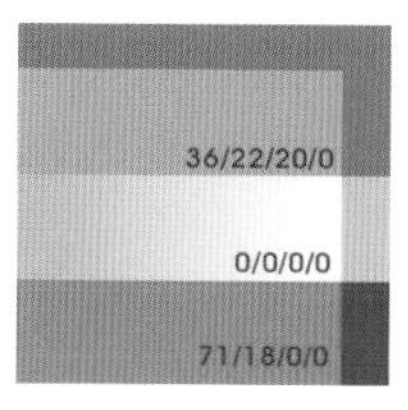
36/22/20/0
0/0/0/0
71/18/0/0

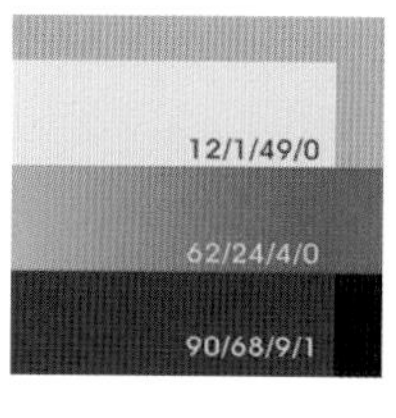
12/1/49/0
62/24/4/0
90/68/9/1

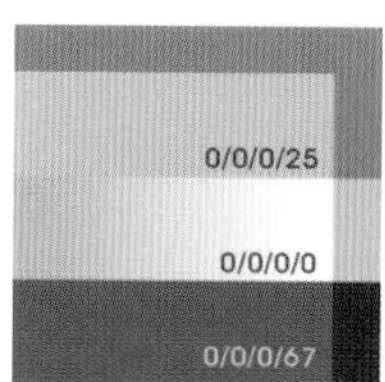
0/0/0/25
0/0/0/0
0/0/0/67

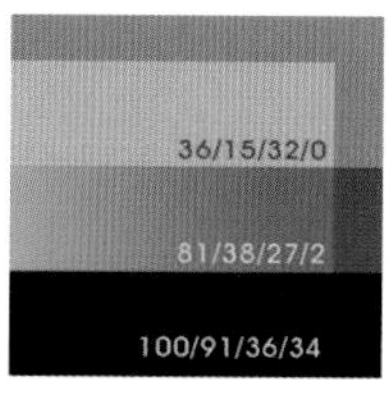
36/15/32/0
81/38/27/2
100/91/36/34

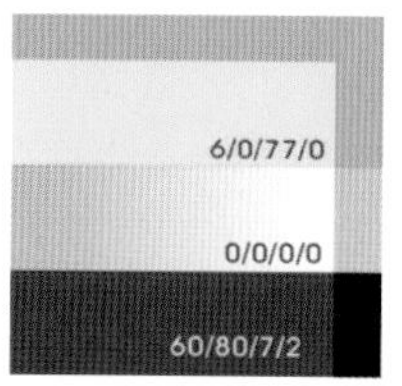
6/0/77/0
0/0/0/0
60/80/7/2

76/30/22/1
0/0/0/0
96/73/6/1

- 유 · 초등부 (KIDS AREA)

Cheerful
경쾌한

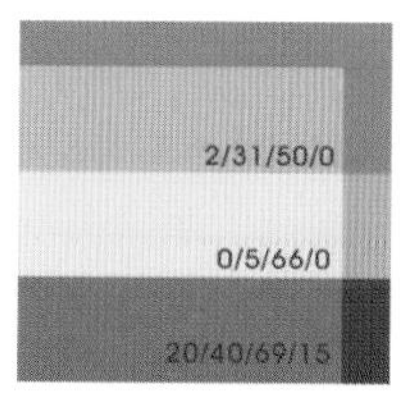
2/31/50/0
0/5/66/0
20/40/69/15

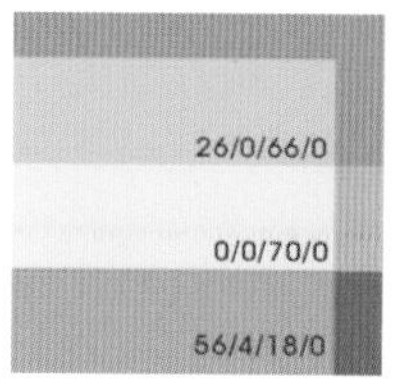
26/0/66/0
0/0/70/0
56/4/18/0

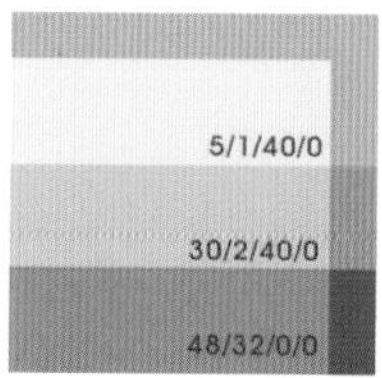
5/1/40/0
30/2/40/0
48/32/0/0

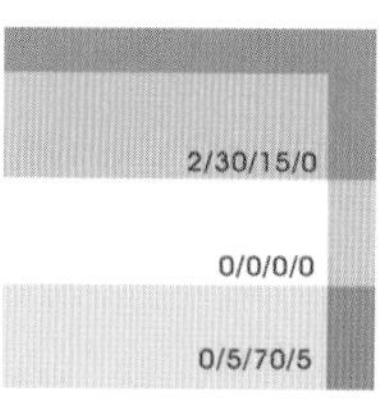
2/30/15/0
0/0/0/0
0/5/70/5

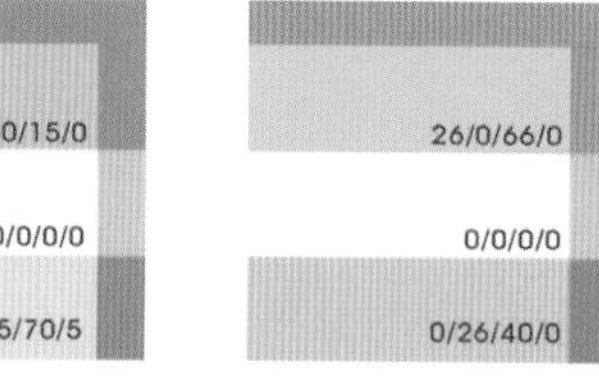
26/0/66/0
0/0/0/0
0/26/40/0

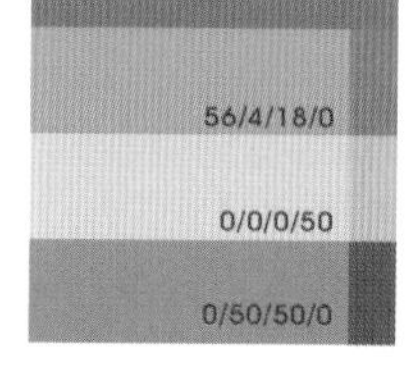
56/4/18/0
0/0/0/50
0/50/50/0

색채계획 - 조화조, 강조조, 미세조화조

▪ 조화조, 강조조, 미세조화조

색상계획에는 단색조(주로 건축 마감), 조화조(주로 인테리어 마감), 강조조(유흥업소, 사인, 신호등), 미세조화조(조형작품) 등이 있다. 인테리어에서는 주로 조화조(아날로그 기법으로서 이웃하는 색상, 명도, 채도의 범위에서 색조를 결정하는 방법)기법을 사용한다.

▪ 색채에도 주연이 있고 조연이 있다

색은 면적에 의해 주조색과 보조색 그리고 강조색으로 불린다.
예를 들어, 한 드라마의 주인공을 주조색에 비유한다면, 조연이 바로 보조색인 셈이다. 여기에 성격 배우의 카리스마가 등장하면 이것이 강조색이 된다. 영화나 드라마 내용이 조연과 성격배우에 의해 더욱 빛나는 것처럼 색상계획에서도 보조색과 강조색의 조연이 주조색을 더욱 빛나게 하며 다양한 심미적인 분위기를 만들어 낸다.

색채계획 - 색감(tone)의 변천사

Which color do you Choice?

색채도입의 초기단계에는 빨,주,노,초, 색상 배색이 주류를 이루지만 색채 문화의 저변 환경이 발전하면서 색감(tone)의 변화에 비중을 두는 색채문화의 2차적 성숙기를 맞이한다.

같은 색상이어도 자연색감(natural tone)은 정서적으로 편안한 분위기를 느끼게 하는 반면 여기에 검정을 혼색하면 분위기를 압도하는 권위적인 카리스마를 느끼게 되며 정결한 흰색을 혼색하면 영혼이 맑아지는 순수함을 느끼게 한다.

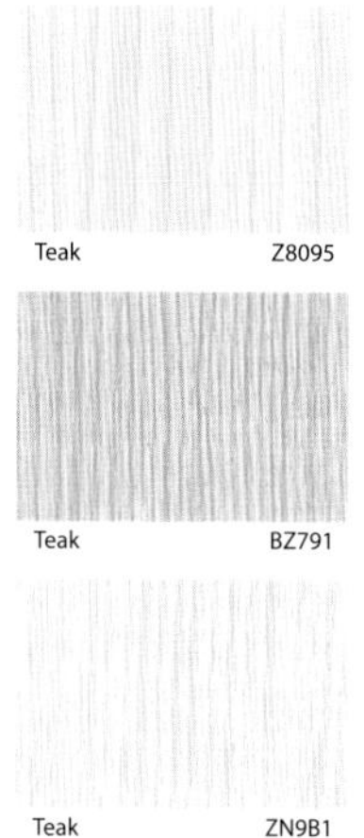

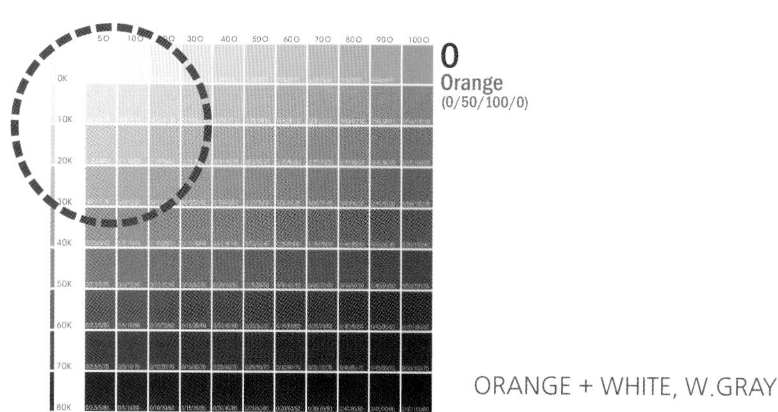

ORANGE + WHITE, W.GRAY

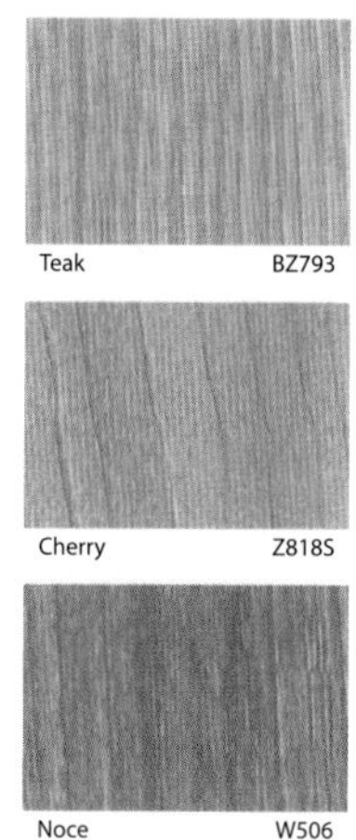

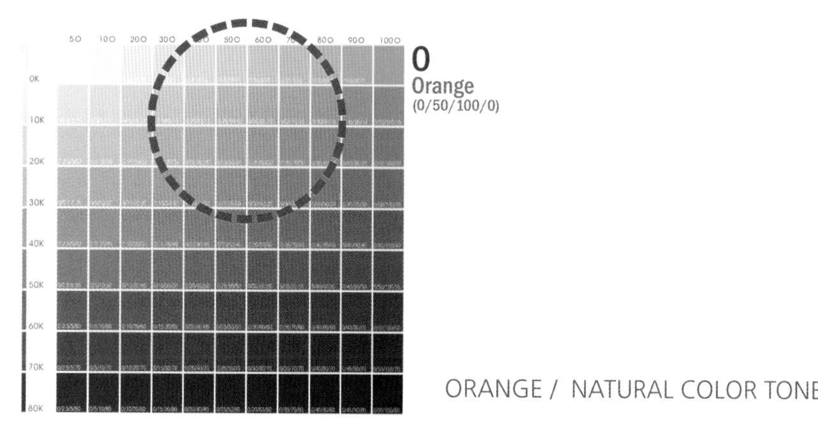

ORANGE / NATURAL COLOR TONE

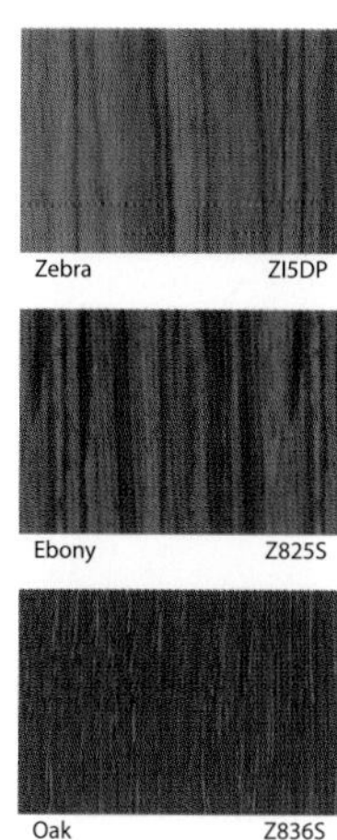

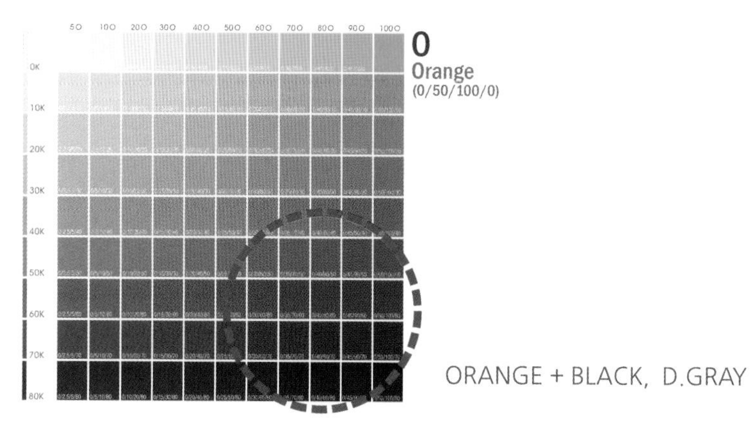

ORANGE + BLACK, D.GRAY

색채계획 - 목회방향에 따른 색상계획(WARM or COOL)

WARM계열의 온화한 색상배색은 포근하게 위로 받는 느낌을 준다. 이미 모태에서부터, 흙으로부터 친숙해져 있는 natural color인 것이다.

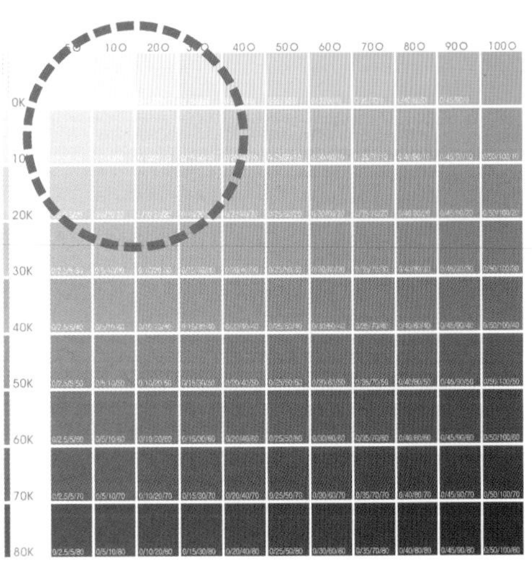

지성에 호소하는 블루 계열의 배색은 푸른 꿈을 품게하는 진취적 인 배색이다. 좌측의 WARM 배색과는 대비조 색상이지만 WHITE를 공통 분모로 하고 있어 긴장감을 완화시켜 준다.

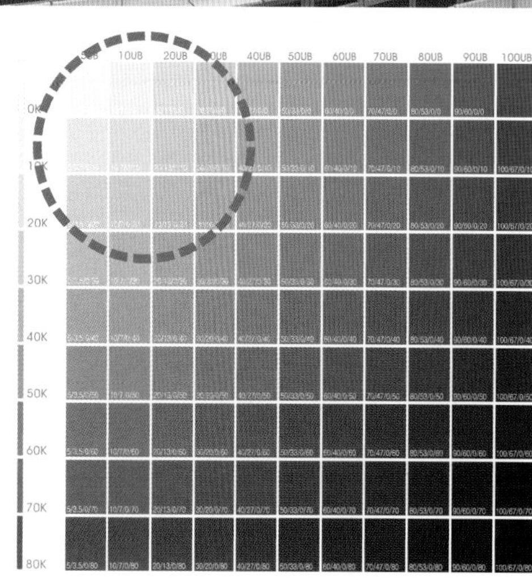

조명계획의 이해

분위기의 마술사 - 간접조명

- **건축 조명, 인테리어 조명**
  색상계획과 더불어 조명계획은 가장 중요한 실내 디자인 요소이다. 지나치게 밝아도 안되며, 또한 어두워도 안된다. 목적에 따라서는 적정 조도를 유지하는 것 이외에 심미적 디자인 요소로도 작용할 수 있어야 한다. 그러기 위해서는 일반적인 건축 조명 계획외에 다양한 표정의 인테리어 간접조명계획을 세워야한다.

- **예배공간의 조명계획**
  제단의 중요성을 강조하는 성당건축과는 달리 교회건축의 조명계획은 설교단과 성도석 어느 한쪽에 그 비중이 치우쳐서는 안된다. 예배석은 말씀을 잘 볼 수 있도록 조도를 밝고 균등하게 계획해야 하며 설교단은 회중의 시선을 집중시키고 또한 지역 사회를 위한 다양한 문화행사를 진행할 수 있도록 조화로운 연출이 가능한 무대 조명 계획이 필요하다.

- 성도석의 조명계획

천장고가 높은 예배실(7M 이상)은 HQI와 할로겐램프 를 주광원으로 사용하며 보조적으로 삼파장램프를 사용하는것이 좋다.일반적으로 할로겐 램프는 조광기로 밝기를 조절 할 수 있고 붉은 색조를 띠기 때문에 분위기 연출효과가 뛰어나다. 그러나 램프의 수명이 짧고 고열이 발생하며 전력소모량 또한 크므로 전체 건물의 전력수용능력에 맞게 계획하여야 한다.천장고가 낮은 소규모의 예배실은 삼파장램프를 주 광원으로 사용하고 부분적으로 할로겐램프를 사용할수 있다.

- 설교단의 무대조명계획

투자 정도에 따라 다양한 기능의 무대조명을 설치 할 수 있으나 전문가와 함께 목회 방향에 따른 정확한 규모 검토가 필요하다. 보통 할로겐램프를 주광원으로 여러개의 스포트라이트를 몇개의 회로 단위로 조닝하여 조광기로 밝기를 조절 할 수 있도록 한다. 설교자가 눈부심이 없도록 전면 스포트의 거리와 각도에 유의하고 또한 얼굴에 그림자가 생기지 않도록 톱라이트와 측면및 배면 조명이 적절한 조화가 중요하다. 그러나 이와 같은 특수조명의 경우는 많은 비용이 소요되므로 중소규모의 예배실인 경우엔 일반할로겐 사각투광등을 3~5개 정도 사용해 주는 것이 합리적이다.

조명계획의 이해

▪ 유용한 조명 기법

다운라이팅(Down Ligting) - 직부 또는 매입 형태의 광원을 위에서 아래로 직접 향하게 하는 조명 방식으로 백열등, 형광등 기타 일반적인 조명방식이 모두 이에 속한다.

하이라이팅 (High Ligting) - 특정 부분을 강조하는 기법으로 대상물의 밝기가 인접 부분보다 3배이상의 밝기를 유지하여야 효과가 있다. 디스플레이용 방식으로 많이 활용한다.

월워싱 (Wall Washing) - 벽면에 빛의 터치를 강조하여 단조로운 실내공간에 신비감과 확장감을 더해준다.

백라이팅 (Back Lighting) - 아크릴이나 스테인드글라스 등의 투과성 있는 물질을 이용하여 광천장을 이루거나 창문을 만드는 기법으로 창이 없는 지하공간에 활용도가 높다.

업라이팅 (Up Lighting) - 빛을 하단에서 위로 끌어 올려 드라마틱한 조명을 연출한다. 음영이 강조되어 근엄한 느낌을 주며 한편으로는 그로테스크한 형상까지 연출한다.

코브 라이팅 (Cove Lighting) - 벽면 상단이나 천장부분에 간접 등박스를 설치하고 내부에 형광등이나 줄 네온으로 조명하는 방식으로 천장에 개방감을 더해주며 낮은 천장을 시각적으로 높게 느끼도록 만들어준다.

교회 음향 / 영상

▪ 21세기는 멀티미디어 예배가 뜬다

기독교 문화가 점차 확산됨에 따라 교회 음향/영상에도 많은 변화들이 일어나고 있다. 단순히 설교 위주의 음향 설비에서 벗어나 각종 문화 행사나 찬양 예배, 또는 예식 행위 등을 행할 수 있는 첨단 멀티시스템들이 요구되고 있다. 그러나 많은 교회들이 신축이나 리모델링을 하면서 음향/영상 설비를 새로이 갖추는 과정에서 의욕이 과하여 불필요한 투자나 건축 현황에 맞지 않게 시설하여 실패를 하게 되는 경우를 종종 보게 된다. 이러한 문제점들을 사전에 방지하기 위해 다음 내용들에 유의해야 할 것이다.

▪ 알아두면 유익한 음향 용어 상식

공간음향

공간에 퍼져나간 소리는 벽이나 천장 및 바닥에 부딪쳐서 여러 가지 동작을 하게 되는데 이 동작은 반사, 흡수, 투과 등의 반응을 보이게 된다. 소리가 벽에 부딪쳤을 경우 소리의 에너지 일부는 벽에 반사되고 일부는 흡수되고 일부는 벽을 투과 한다. 결국 부딪친 소리의 에너지는 이 3가지 에너지로 분해 되는데 각각 어느 정도의 비율로 분해 되는가는 벽의 재질이나 구조, 표면처리 등에 따라 크게 달라지며 또 주파수에 따라서 달라진다.

에코

직접음으로부터 0.3-0.5초 이상 늦게 온 반사음은 직접음과는 분리되어 단독음으로 들린다. 이것을 음향학에서는 에코라고 부른다. 일반적으로 에코라고 말하면 잔향이나 산울림 등을 총칭한 것이지만 음향학에서는 잔향과 에코를 구별하고 있다. 이것은 보통의 실내에서도 평행한 벽면이 있으면 일어나기 쉽다.

딜레이

딜레이(Delay)의 영향은 에코의 반사음 지연이 0.3초-0.5초 이상이 되는데 따른 현상이다. 그러나 지연시간(Delay Time)이 0.3초-0.5초 이하일지라도 딜레이음과 직접음의 간섭에 의해 소리는 영향을 받는다.

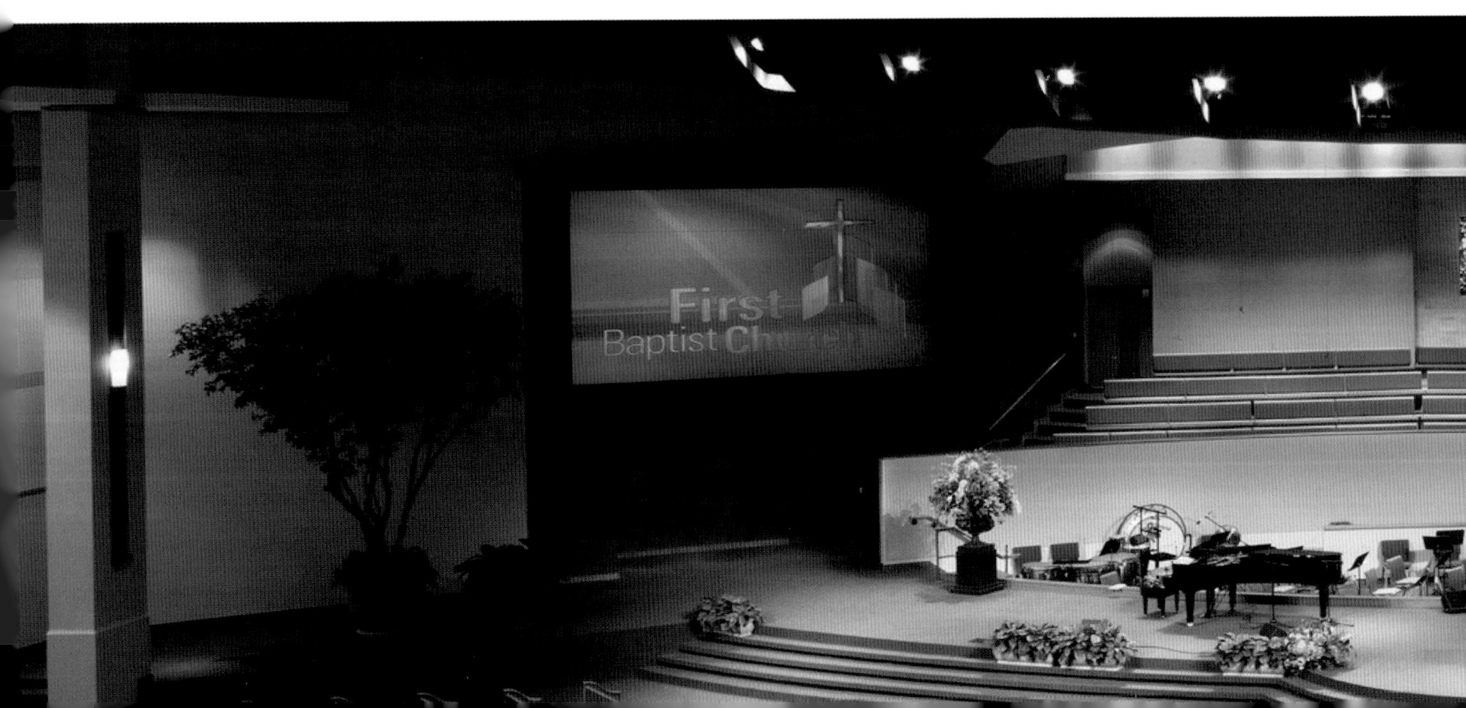

잔향

실내에서 소리가 발생된 음을 갑자기 끊으면 실내에는 소리가 남아 서서히 소멸한다. 이것을 잔향이라고 하며, 잔향이 많은 상태를 라이브(Live), 적은 상태를(Dead)라고 부르고 있다. 잔향은 벽이나 천장, 마루 등으로부터 반사음이 모여 생긴다.

예배당 홀에서는 음악보다는 마이크소리 전달이 더 필요하기 때문에 소리의 명확함을 살리기 위해서는 잔향시간이 1.2초 -1.45초 정도가 되는 것이 가장 적합하다. 물론 홀의 환경에 따라 많이 달라지고 좌석수나 흡음정도에 따라 달라질 수 있다.

하울링

Howling 은 특히 교회음향에서는 가장 커다란 적이다. 왜냐하면 교회는 스피커와 마이크가 같은 실내공간에 가깝게 있어야 하는 환경이므로 더욱 하울링이 쉽게 일어난다.

아무리 좋은 외재 기자재로 시스템을 구성했더라도, 하울링 때문에 음압을 높일 수 없다면 그것은 쓸모없는 시스템이 되고 만다. 하울링 대책은 교회음향시스템 설계에서 가장 중요한 과제이기도 하다.

흡음

입사음에 대한 반사음의 비율을 줄이는 것을 흡음이라고 한다. 흡수하는 비율을 줄이는 것을 흡음이라고 생각하기 쉽지만, 사실 어디까지나 반사음을 줄이는 것이 흡음이다. 건축음향에서 중요한 것은 흡음재료이다. 흡음재료의 성능은 흡음율 10%-90%정도의 폭넓은 종류가 있다. 물론 같은 재료일지라도 두께나 주파수가 다르면 흡음율이 틀려진다.

흡음재료로서는 다공재료, 판상재료, 유공판 등이 있다. 다공질재료란 섬유질처럼 작은 구멍이 무수히 있는 것인데 유리솜이나 암면(Rock-wool)직물 등이 대표적인 것들이다. 판상재료는 판의 공진에 의해 흡음작용을 갖는 것인데, 너무 판이 두껍거나 무거운 것은 적합하지 않다. 대체로 판상재료는 중고음은 반사, 중저음은 흡수하는 경향이 있으므로, 다공질 재료와 같은 중고음 흡수형의 흡수제화 조합해서 사용한다.

냉 · 난방 계획의 이해

▪ 효율적인 냉 · 난방 계획

일반적으로 냉 · 난방설비 시스템은 교회 신축 설계시 경험이 많은 건축사에 의해 작성된 설계도서에 따라 시공되므로 인테리어 분야와는 무관하게 진행되어왔다. 그러나 최근에는 설비기기의 미적인 부분에도 많은 신경을 쓰게 되었고 특히 중소형 교회의 리모델링 공사가 붐을 이루게 되면서 인테리어 공사시에도 중요한 요소로 자리 메김 하게 되었다.

시스템 종류	적용규모	특 징	장 점	단 점
빙축열 시스템	1,000~ 10,000평	-중앙식 -심야전력이용 -냉방전용	-저소음 -냉방효율 우수 -유지관리비 저렴	-초기투자비 60%상승 -냉방규모에 따라 빙축탱크의 용적증가 -장시간 사용 불리 (빙축탱크 용량 초과)
냉온수 유니트 시스템	1,000~ 10,000평	-중앙식 -냉방전용 -도시가스,경유	-부분부하 대응에 용이(20%) -저소음 -장시간 사용 유리 (부흥 집회 등)	-넓은 기계실 필요 (높이 4.5m이상)
공조덕트 (DUCT) 시스템	1,000~ 5,000평	-중앙식 -냉 · 난방 -도시가스,경유	-공기조화기능을 겸할 수 있다. (무창 공간에 유효) -냉방에 유리(하향, 전면 토출)	-높은 천장고 필요 (5.5m이상) -별도의 공조실 필요 -난방에 불리(대형공간) -초기투자비가 높다
인버터형 시스템 냉난방기	100평 내외	-천장 덕트형 -천장 카세트형 -냉 · 난방(분리가능) -중앙,개별식	-저소음 -중소형 공간에 유리 (천장고 7m이하) -하나의 실외기에 여러개의 에어콘 사용가능 -초기 투자비가 적정	-난방 투자비가 높다 (전기코일난방) -대형공간에 불리
일반 패키지형 냉 · 온풍기	50평 내외	-폭넓은 제품 선택 가능 -개별식	-독립조작 용이 -이동이 자유롭다	-소음이 크다 -실내공간 차지 -미관이 수려하지 못하다 -개별 실외기 설치 -유지관리가 번거롭다
심야 전기 보일러	50평 미만	-지방 중 · 소형 교회에 유리 -심야전력 사용	-에너지 효율 우수, 유지 관리비 저렴	-초기 투자비가 크다 -넓은 보일러실 필요 -냉방규모에 따라 축열탱크의 용적증가

▪ 실별 냉 · 난방 방식의 특성

(a) 특정시간 사용 공간 - 대예배실

예배실은 천장이 매우 높고 특정시간 다중이 모여 사용하는 대형공간으로 독립된 설비 시스템을 필요로 한다.
대체로 천정고가 10m 이상인 대형 예배실(200여 평 이상)에는 냉 · 온수 유니트시스템에의한 휀코일유닛(FUC) 방식이나 공조 덕트 시스템방식이 적절하다.
공조닥트 방식은 주로 공기를 위에서 아래로 불어주는 방식으로 냉방에 특히 유리하고 공기조화나 습도조절 기능을 겸할 수 있는 이점이 있으나 넓은 설비 공간을 필요로 하며(공사비 상승요인) 건축공사비를 다소 상승하게 하며 퇴출구 설치시 방향과 위치를 잘못 선정하면 음향시설에도 영향을 주는 경우가 있다.
천정고가 7m 내외인 중 · 소규모 예배실(100평내외)의 경우에는 냉 · 난방 설비를 분리형으로 하는 것이 바람직하다 난방은 대체로 바닥 온돌방식을 사용하며 경우에 따라 보일러를 별도 분리하여 휀코일유닛(FUC) 난방방식을 보완해 주면 더욱 효과적이다.

(b) 불특정 시간 사용공간 - (중 · 소예배실, 다목적실, 교육실, 식당 등)

중 · 소예배실이나 식당 등 다목적으로 사용하는 공간들은 개별제어가 가능한 휀코일유닛(FCU) 방식으로 선정하는 것이 좋으며 특히 지하에 있는 실들은 환기설비를 별도로 해 주는 것이 좋다.

(C) 상시사용 공간 - 사무실, 관리실, 담임목사실 등

사무실이나 관리실 한-두곳만을 냉 · 난방 하기위해 기계실의 커다란 냉동기나 보일러를 가동시킬 수는 없다. 교회에는 항상 상주하여 사용되는 공간이 있는데 이러한 실들을 공조방식이나 휀코일유닛 등의 중앙집중식과 개별 패키지방식을 겸용하는 것이 좋다.
주일이나 특별 집회시에(기계실의 전체가 가동될 때)는 중앙방식을 활용하며 평일에는 개별패키지(Package)를 가동하여 에너지 손실을 최소화 하는 것이 바람직하다.

교회설계 및 건축 어프로치 2

- 교회건축설계 어프로치
- 원스톱 건축시스템 적용 / 고양동산교회
- 신축인테리어 / 세현교회, 한나라교회
- 상가형 교회(Building Church)

설계에서 시공까지 원스톱건축시스템

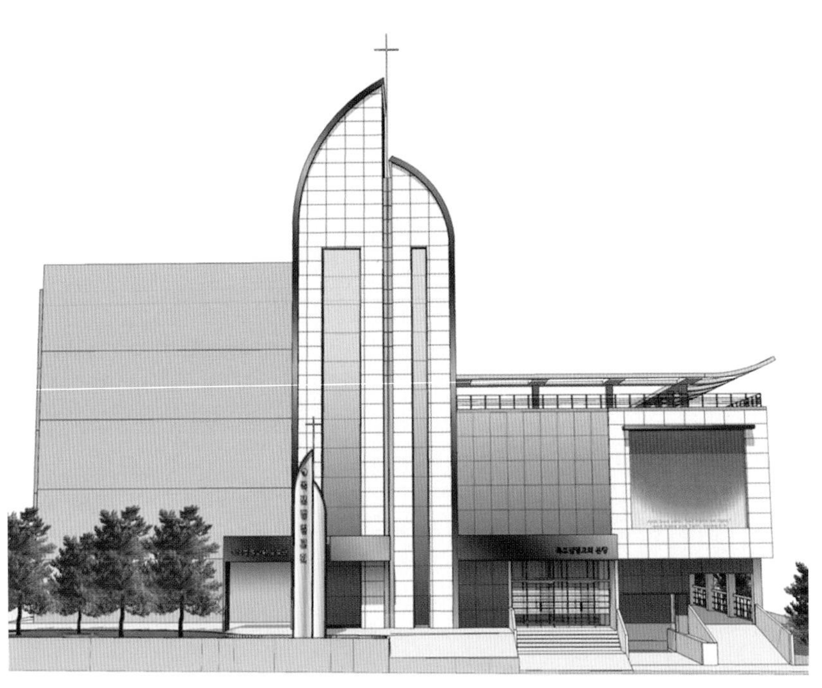

1. 목회방향에 맞는 설계사를 선택해야 한다.

저명한 설계전문가를 초빙하여 성공하는 경우도 있지만 간혹 교회측의 목회방향과 설계자의 작품경향간의 상충되는 부분이 있을 때 매우 힘든 상황에 접할 수도 있다. 교회건축설계나 디자인은 개 교회의 목회철학을 담는 용기여야 하며 작품성 이전에 눈높이를 배려하는 상품성(실용적가치)이 우선되어야 한다.

2. 디자인 설계는 필수

교회공간이 다중집회시설의 개념을 넘어서서 교육, 문화, 교제공간의 비중이 확대되고 식별기능이 다변화되는 시점에서 건축설계와 구분된 디자인 설계의 역할이 크게 부각되고 있다.
모든 음악작품이 편곡을 통해서 그 표현이 구체화되고 이를 토대로 완성도 높은 연주가 이루어지듯이 건축설계와 별도의 디자인적 설계가 부가될 때 교회건물의 기능과 조형성이 성공적으로 재현될 수 있다.
디자인계획은 건축설계의 초기단계에서부터 철저하게 계획되어져야 하며 적기를 놓치면 기 시공된 부분을 철거해야 하는 등 마감단계에서 많은 시행착오를 겪게된다.

3 . 디자인설계의 영역

* 인테리어 설계계획
  공용공간, 예배홀, 교육공간, 교제공간, 사무공간 등 실별로 특화된 공간계획 및 상호 유기적인 동선계획이 요구된다.
* 성구, 가구디자인 및 배치계획
* 마감재 전반에 걸친 색채계획, 조명계획
* 시각디자인, 실내외 사인 및 조형물계획
* 층별, 실내외별 시뮬레이션, 실별 투시도

상기 디자인이 반영된 이미지를 실제적인 감각으로 재현하여 완성된 느낌을 미리 측정할 수 있으므로 시행상의 오차를 최소화할 수 있다.

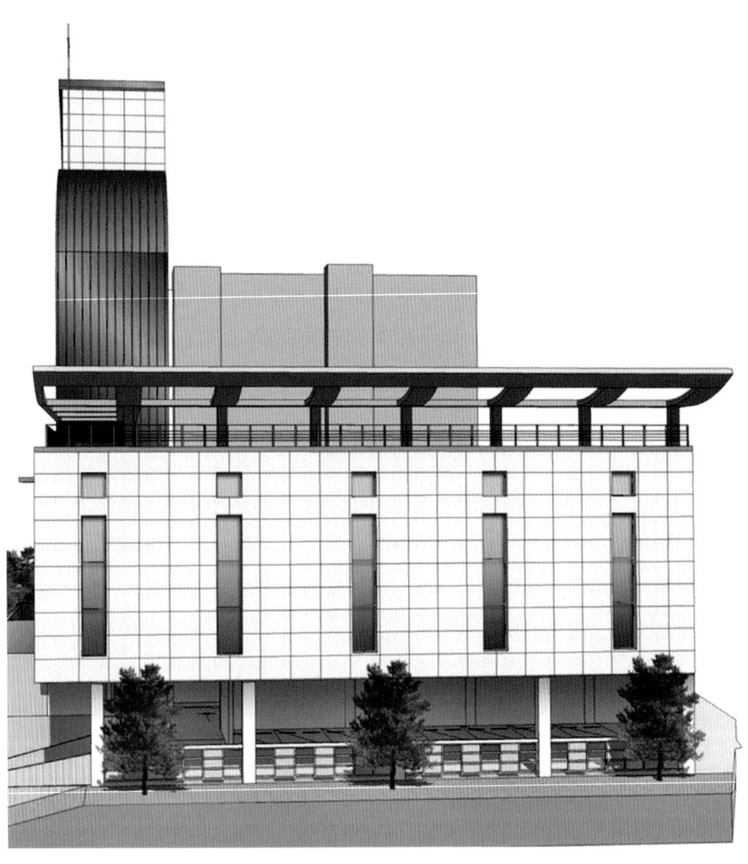

4. 건축공사에서의 문제점

교회건축 공사중 제일 고민하는 부분이 공사의 비중이 큰 건설업체를 선정하는 부분일 것이다.
사실 건축의 기초를 결정짓는 부분이 건설공사이며 예산과 완성도, 실력과 성실성의 경계에서 무수히 고민하는 부분이며 또한 많은 문제가 도사리고 있는 영역이기도 하다.
그중에서도 막일(노가다)의 비중이 큰 토목 및 골조(뼈대)공사가 제일 속을 썩는 부분이다.
실제 '노가다'(dokata,土方)라는 일본어의 뜻은 '행동과 성질이 거칠고 불량한 사람'의 속된 표현, 또는 막일꾼의 잘못된 표현'이라고 한다.
오죽하면 노가다를 막가다의 뜻으로 '정해진 틀이 없다(no, kata).'로 재해석 하겠는가?

* 두 번째 힘든 부분이 인테리어 및 내외장 마감공사이다.
각종 설비공사와 그 공정이 겹쳐지는 내외장마감공사는 업체선정에 뒤이어 디자인 선정뿐 아니라 다양한 소재의 선택 및 마감재의 색채까지 무수한 항목을 결정지어야 한다.

* 다음으로 각 실마다 성격이 다른 성구 및 가구의 디스플레이 계획 및 디자인 선택일 것이고 시각디자인, 실내외 사인(Sign)계획에까지 이르게 되면 아예 자포자기상태에 이르기까지 한다.

* 마감부분에서 "무슨 디자인, 무슨색으로 할까요? 정해주시죠."라고 물어보는 경우가 있다.
완성도에 대한 책임을 교회측에 전가하겠다는 의도일 수 밖에 없다.
어떠한 건축도면을 보아도 '지정색 타일마감', '지정색 에폭시도장'이라고 표기되어 있을뿐, 패턴과 색채에 관한 실천적사항이 명기되어 있지 않다.

dreaming church 꿈이있는 교회
Whoever
drinketh
of the water
that I shall give him
shall never thirst

5. 건축공사 파트너선정

① 기존방식

설계자와 시공자(건설,인테리어,성구가구,사인 등)를 구분하는 기존의 방식이 대부분이지만 설계자와 시공자간의 정보단절(도면의 해석차이 등)로 인하여 건축주의 의도대로 시공이 이루어지지 않고 설계변경, 전문성부족 등 다양한 사유로 시행착오를 겪으며 공기의 지연이 있을 수 있다.

② 원스톱시스템

근래에는 설계의 ABC에서 시공의 ABC까지 원스톱시스템(일괄수주)으로 건축공사를 진행하는 경우가 늘어나는 추세이며 다음과 같은 장점이 기대된다.
* 설계자로서 설계에 대한 해석력이 높고 단순 시공업체에 비해 완성도에 대한 의지가 높다.
* 분야별(건설, 인테리어, 성구, 가구, 사인 등…)로 업체를 선정하고 관리해야 부담을 줄일 수 있다.
* 마스터플랜에 의한 공사계획으로 공기가 단축될 수 있으며 구체적으로 표현된 각 분야의 디자인계획이 통일성있게 재현될 수 있다.
* 부실공사에 대한 책임소재가 명확하다.
* 설계와 시공에 대한 능력과 신뢰가 보장되는 것이 전제조건이며 기 시공된 교회의 현장탐방은 필수이다.

③ 건설감리방식 또는 CM(Construction Management)제도

건설공사의 설계, 시공자 선정 및 관리 등 종합적인 기술자문시스템을 의미한다.
건설선진국의 경우 관련업체와의 합리적이고 투명한 관리시스템이 구축되어 있으나 CM방식의 도입단계인 국내에서는 전문성과 공정성에서의 한계가 있으며 공사부분에 관한 책임소재가 미약하다.

ONE-STOP SYSTEM 적용의 예 / 고양동산교회

고양동산교회 350평 × ₩500 = ₩1.75억 **설계** 건축/디자인/색채/성구가구/사인 **시공** 설계부분의 전과정

설계자가 건축의 전과정 책임시공, 건축물의 완성도를 높이는 통합시스템

설계 건축외/인테리어/색채/성구가구/사인 **시공** 설계부분의 전과정

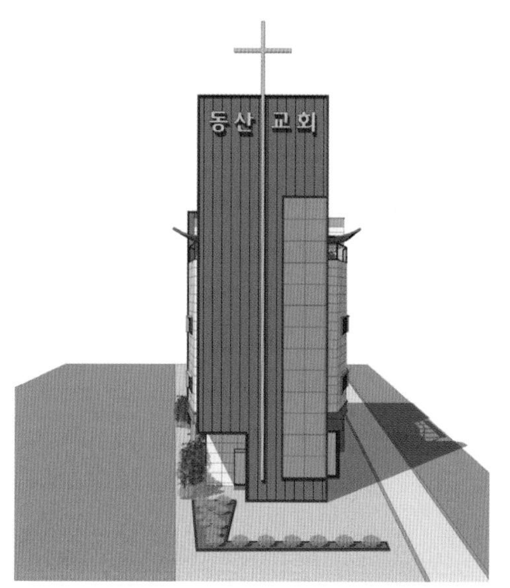

FRONT

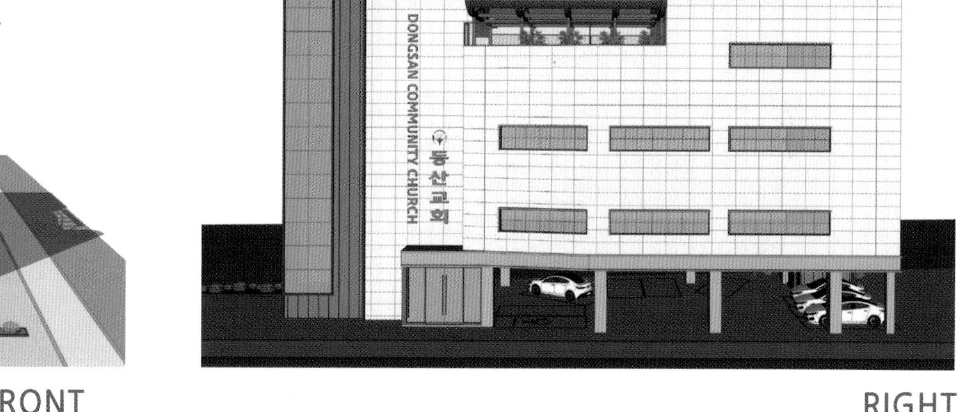

RIGHT

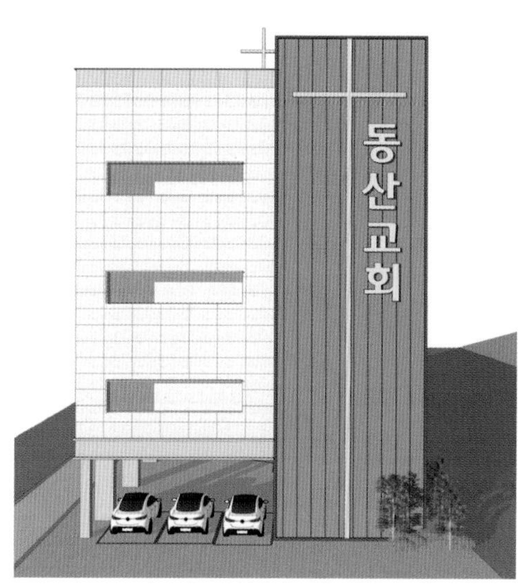

BACK

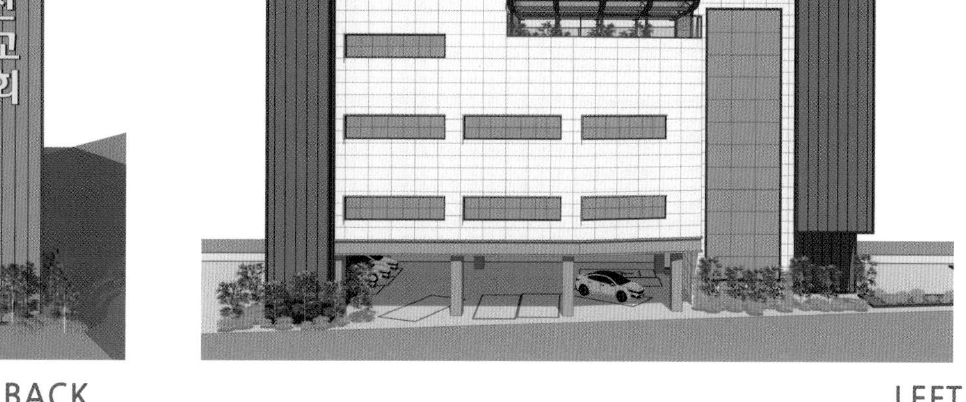

LEFT

ONE-STOP SYSTEM 적용의 예 / 고양동산교회

대지 위치 - 경기 고양시 덕양구 화정동 고양동산교회 신축공사
지역 지구 - 제1종 일반주거지역 / 제1종지구단위구역 / 완충녹지
용 도 - 종교시설
대지 면적 - 732.00 ㎡
건축 면적 - 326.83 ㎡
연 면 적 - 1155.00 ㎡ (중정공간+주차캔틸레버 공간)
건 폐 율 - 53.66 % (법정 : 60% 이하)
용 적 률 - 148.44 % (법정 : 170% 이하)
최고 높이 - 19.2 M (십자가탑 포함 : 27.9M)
층 수 - 지상4층
구 조 - 철근콘크리트구조
외부 마감 - 노출콘크리트, 징크
설비 개요 - EHP
주차 대수 - 12 대 (904.03㎡/75 = 12.05)

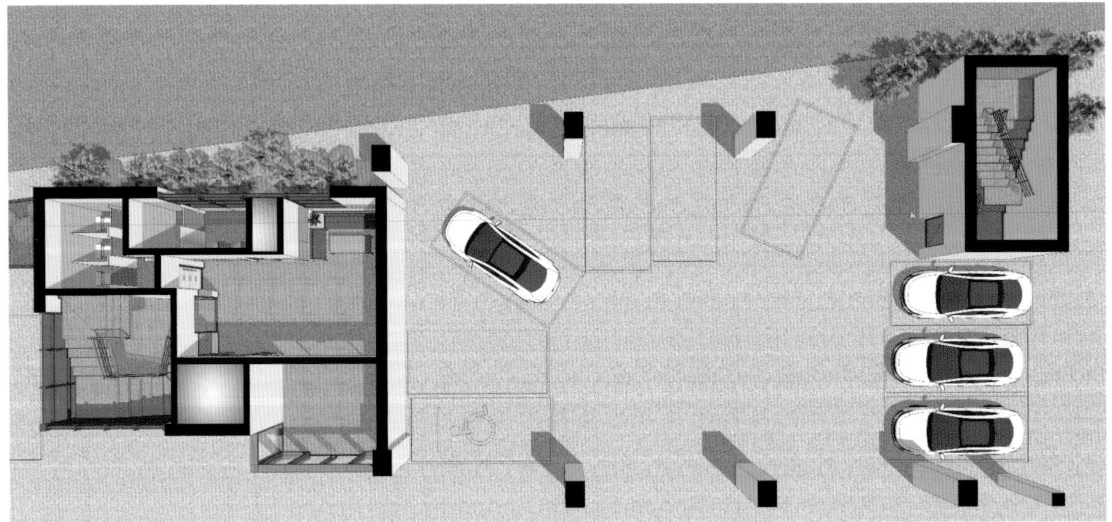

1F 평면도

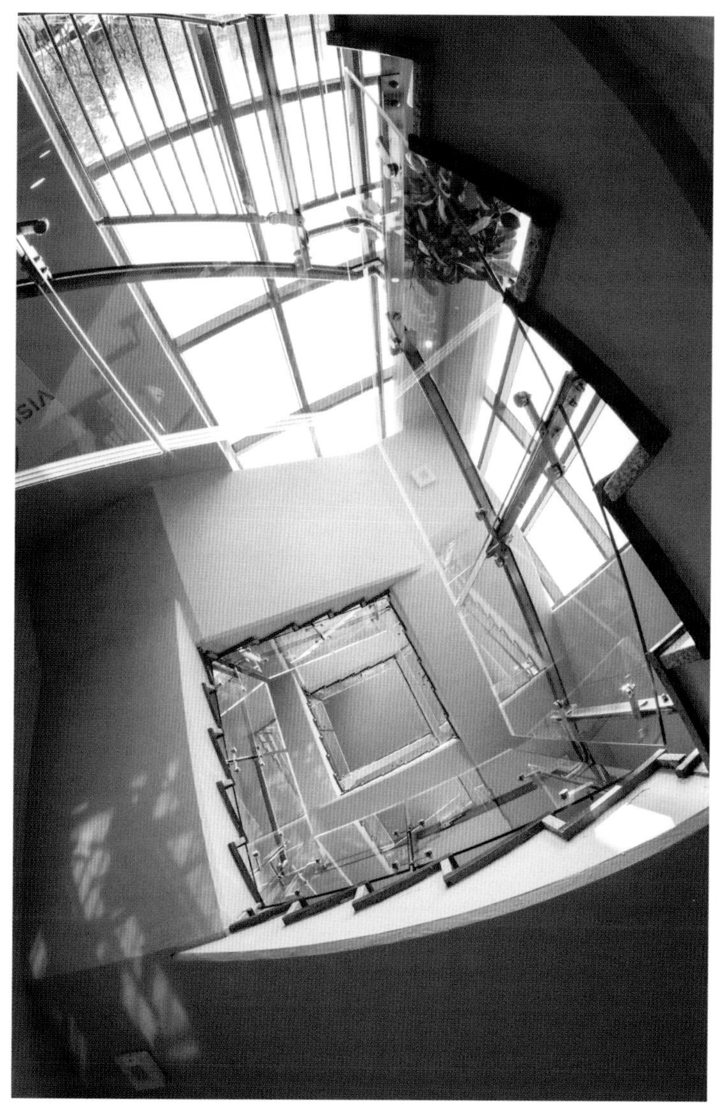

우물정(#) 형태의 사각 도르래 계단은 회전할 때마다 중간 중간 계단의 참이 있고 중앙에 오픈공간이 있어 탁트인 개방감과 함께 계단을 오르내리는 것이 힘들거나 지루함을 넘어선다. 또한 양측 벽에 전창을 설치하여 내부의 계단공간이 밖의 자연풍광과 하나 되는 느낌을 받게 된다.
오르내리는 시간, 햇살을 통하여 행복 메시지가 전해진다.

ONE-STOP SYSTEM 적용의 예 / 고양동산교회

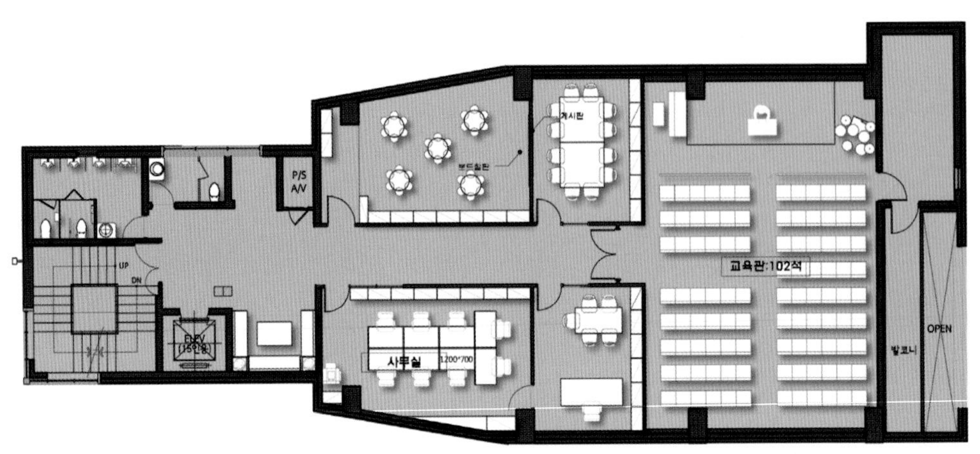

2F 평면도

2F ISOMETRIC

층마다 도미솔 징검다리 색상으로 그래픽이미지월을 조성하였다. 비전층, 그레이스층, 코이노니아층 등 각층의 기능에 맞는 이름을 정하고 고유색상과 픽토그램을 정하여 각 층의 캐릭터를 가시화할 수 있도록 계획하였다.

ONE-STOP SYSTEM 적용의 예 / 고양동산교회

ONE-STOP SYSTEM 적용의 예 / 고양동산교회

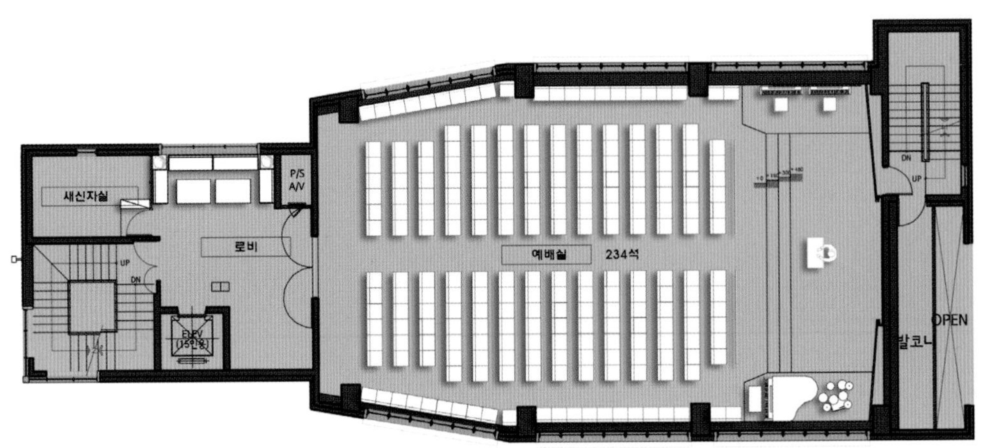

3F 평면도

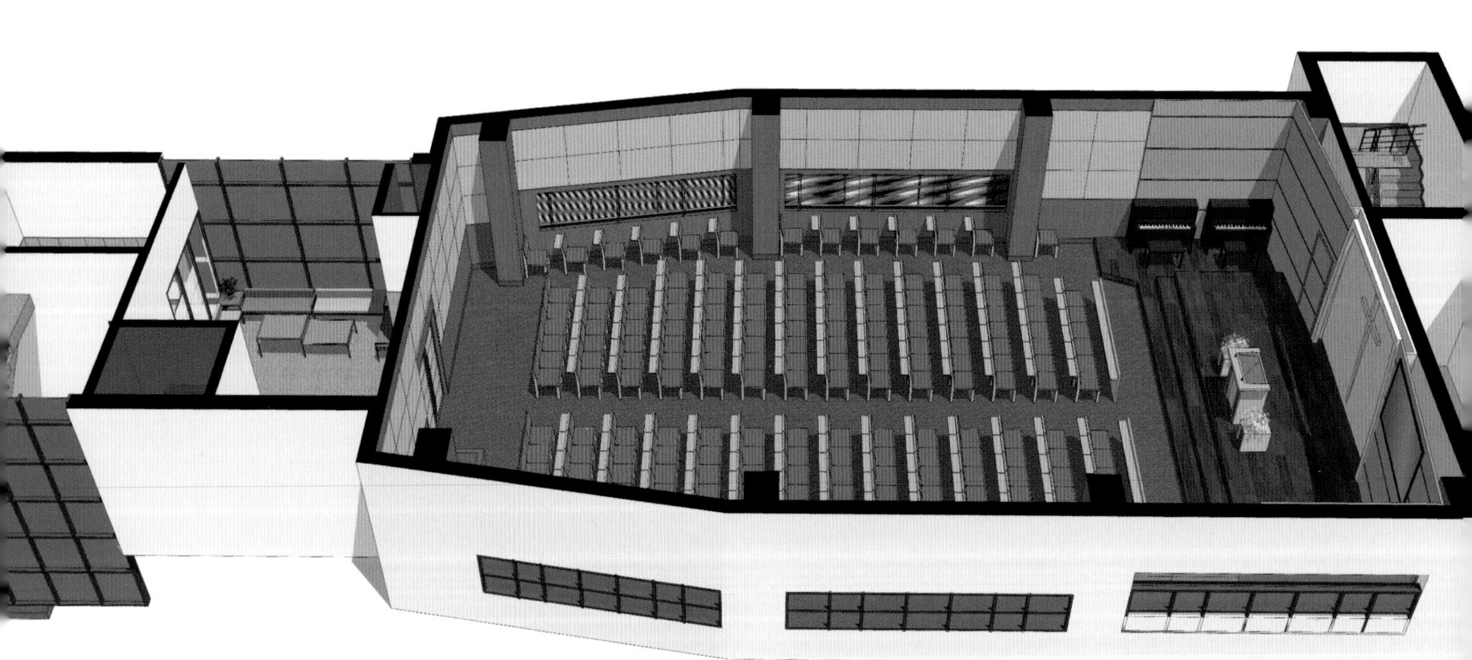

3F ISOMETRIC

GRACE
3
3F 로비 / 자모실 (Nursing Room)
대예배실 (Main Worship Hall)

ONE-STOP SYSTEM 적용의 예 / 고양동산교회

"피어오르는 십자가"

십자가의 하단 시작부분의 두께 1에서 시작되어 최종에는 10으로 확장되는 형태를 통하여 우리의 소망과 교회의 비전이 십자가를 통하여 승화되고 완전해지는 이미지를 형상화하였다.

ONE-STOP SYSTEM 적용의 예 / 고양동산교회

본당 게이트의 도아부분에 쪽창을 설치하여 개방감을 주었으며 우측의 필경대와 게시판도 공통개념의 색채계획을 적용하였다.

본당입구의 로비공간에 벤치를 배치하여 초대받은 느낌을 들게 하였다. 전창에서 느껴지는 자연경관은 사계절의 색채들이 로비로 쏟아져 들어오는 모습이다.

ONE-STOP SYSTEM 적용의 예 / 고양동산교회

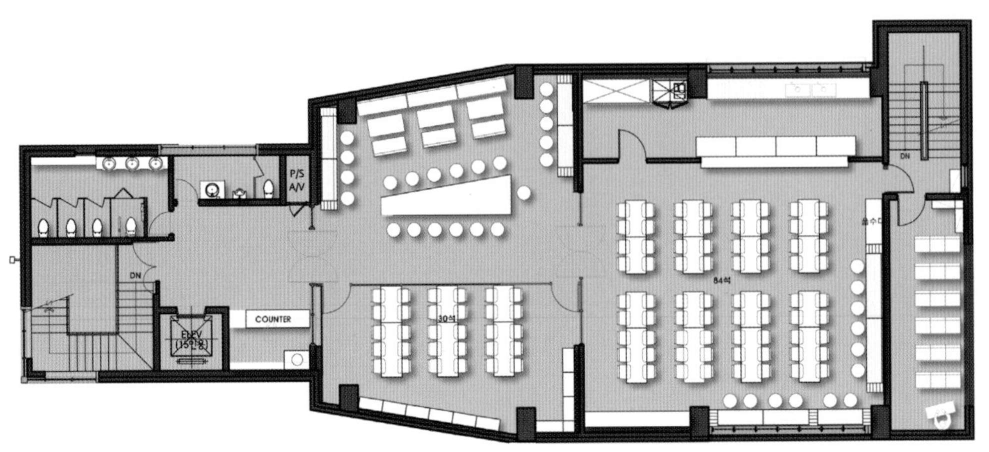

4F 평면도

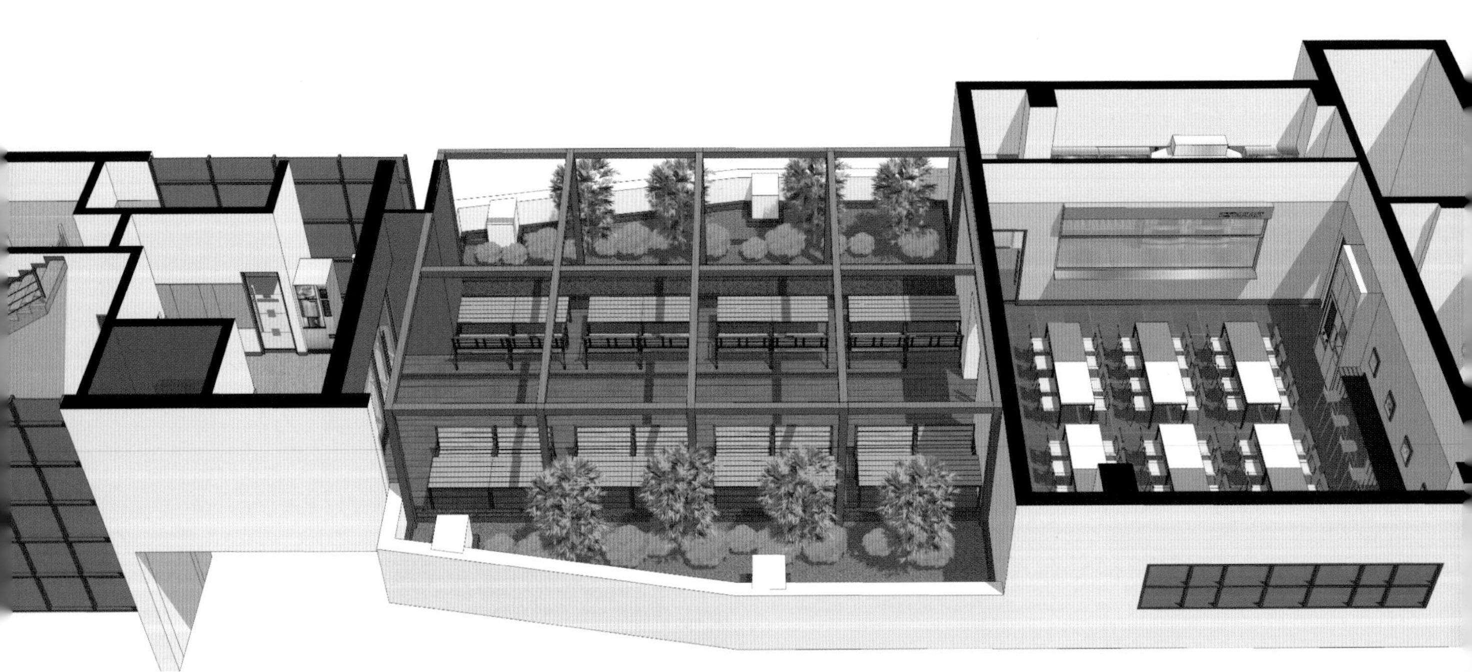

4F ISOMETRIC

KOINONIA
4
4F 로비 /
전망실 / 야외 테라스 / 카페테리아

ONE-STOP SYSTEM 적용의 예 / 고양동산교회

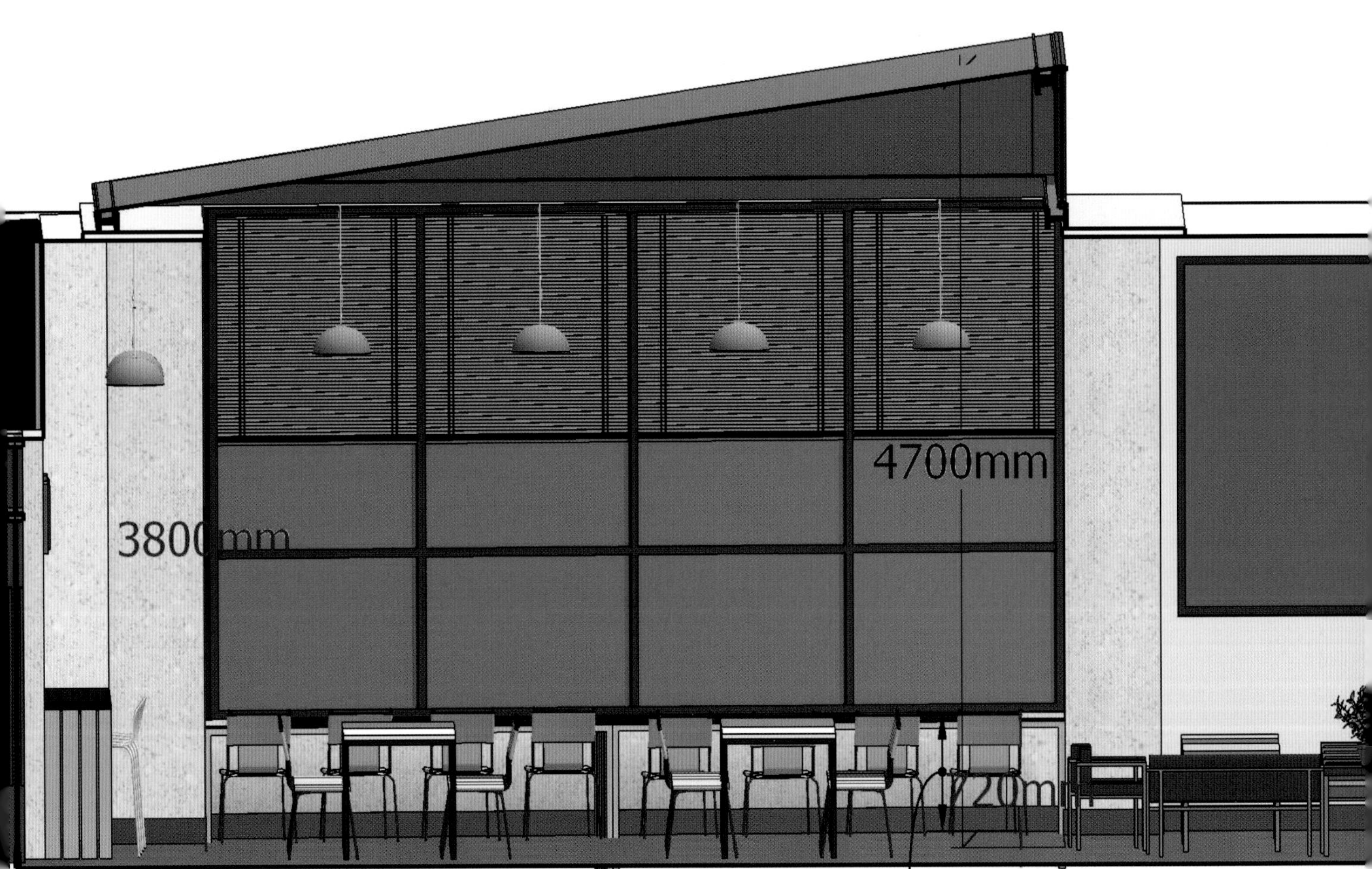

▌준공 한달후에 건축법규가 완화되어 옥상의 노출공간을 중정공간으로 확장하였다. 모자라던 식당공간 입구에 북카페와 더불어 성가연습실까지 들어서게 되었다.

우측 벽면 쪽에 설치된 좁다란 바텐테이블(H:90cm)은 1인 또는 2인이 조용히 스터디하고 다과를 즐길 수 있는 구분된 공간이기도 하다.

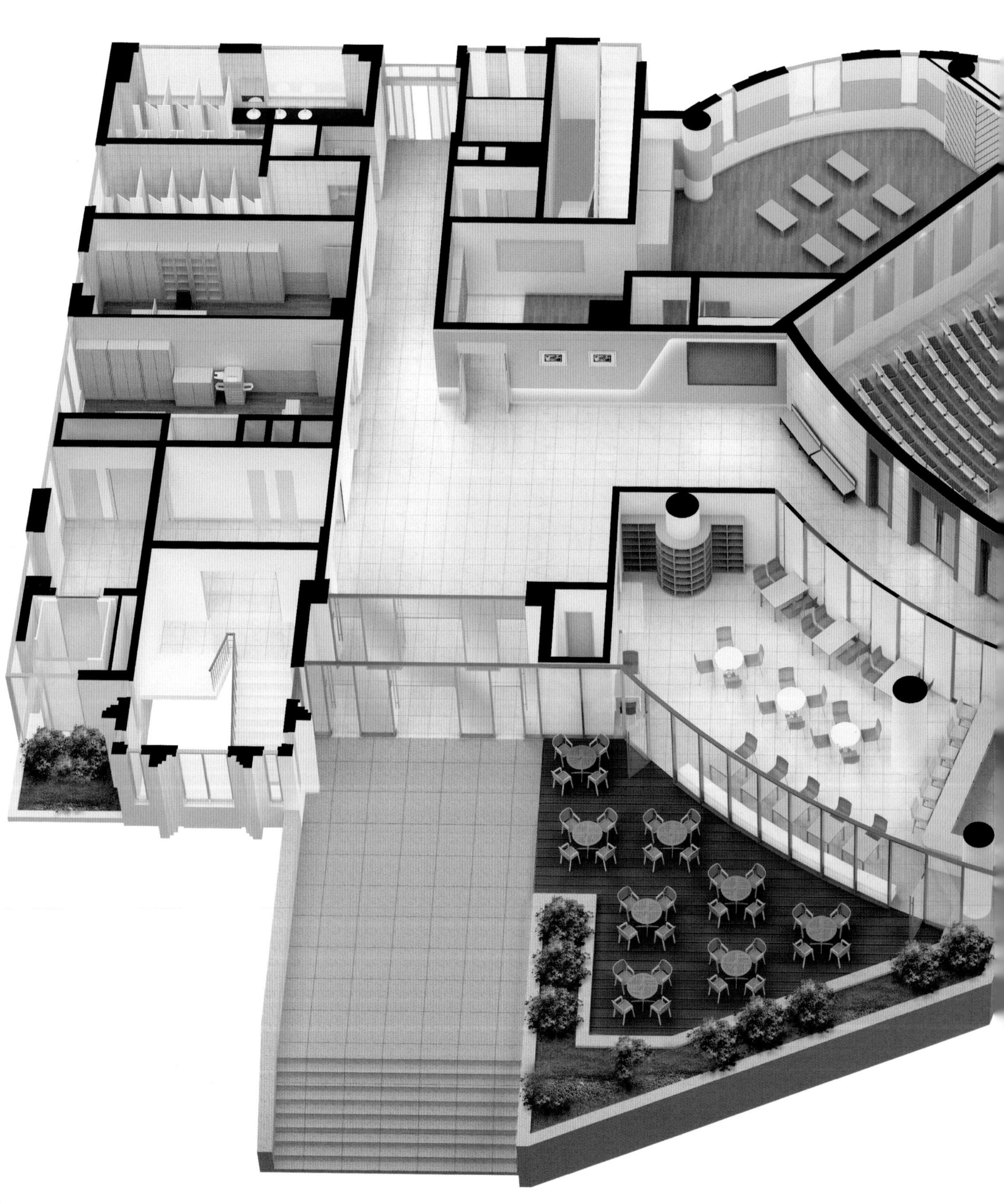

한나라교회 1F 인테리어 설계

건축CAD도면만으로는 전문가도 구체적인 인지에 한계가 있을 수밖에 없으며 배치된 가구의 형태, 마감재 패턴, 색채계획 등이 모호하여서 시공자의 해석에 따라 완성도에 차이가 있을 수 있으며 분쟁의 소지까지 야기될 수 있다.
각종 집기를 포함한 디자인설계, 색채설계를 기초로한 정확한 층별 시뮬레이션이 이루어져야 시행착오를 방지할 수 있다.

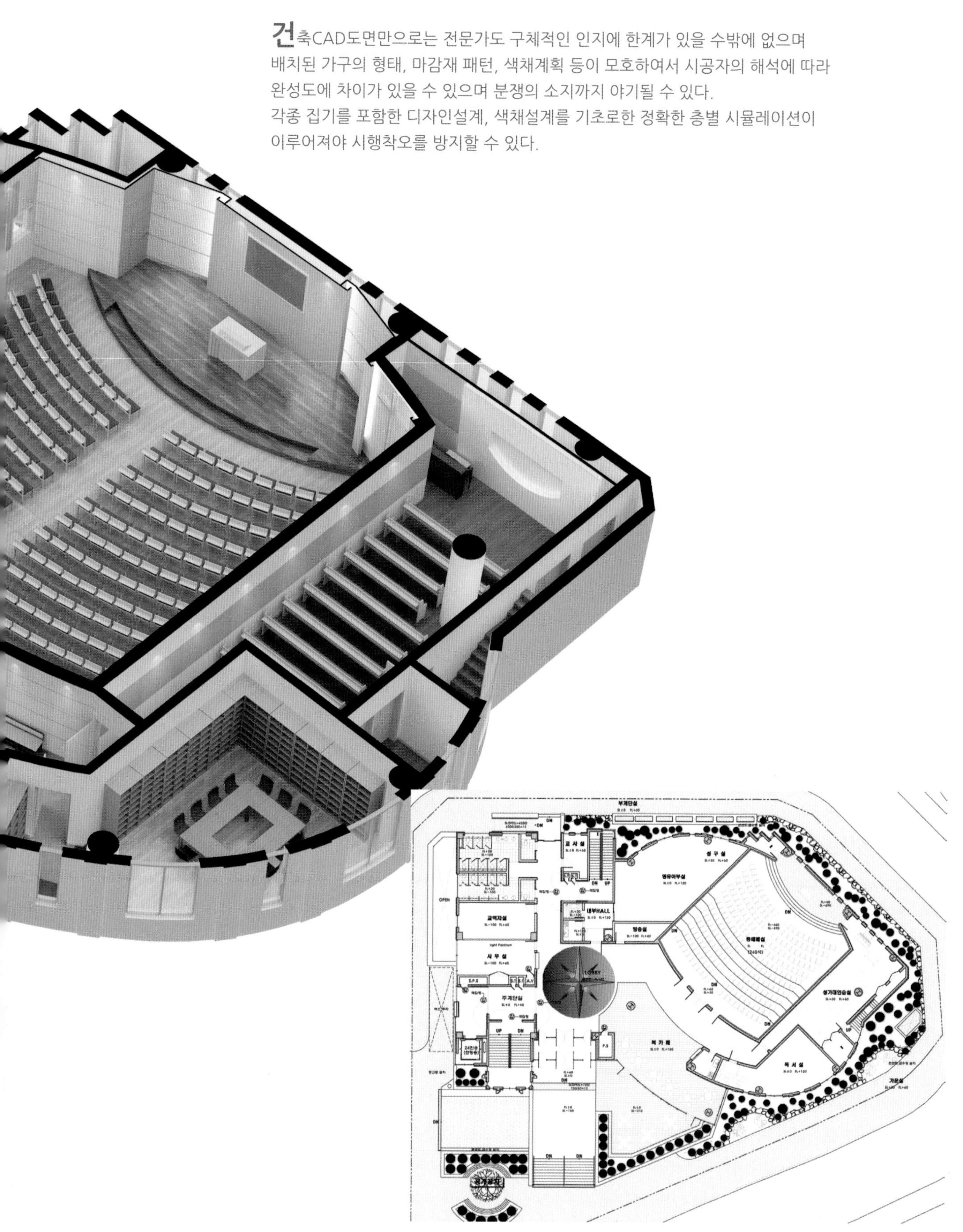

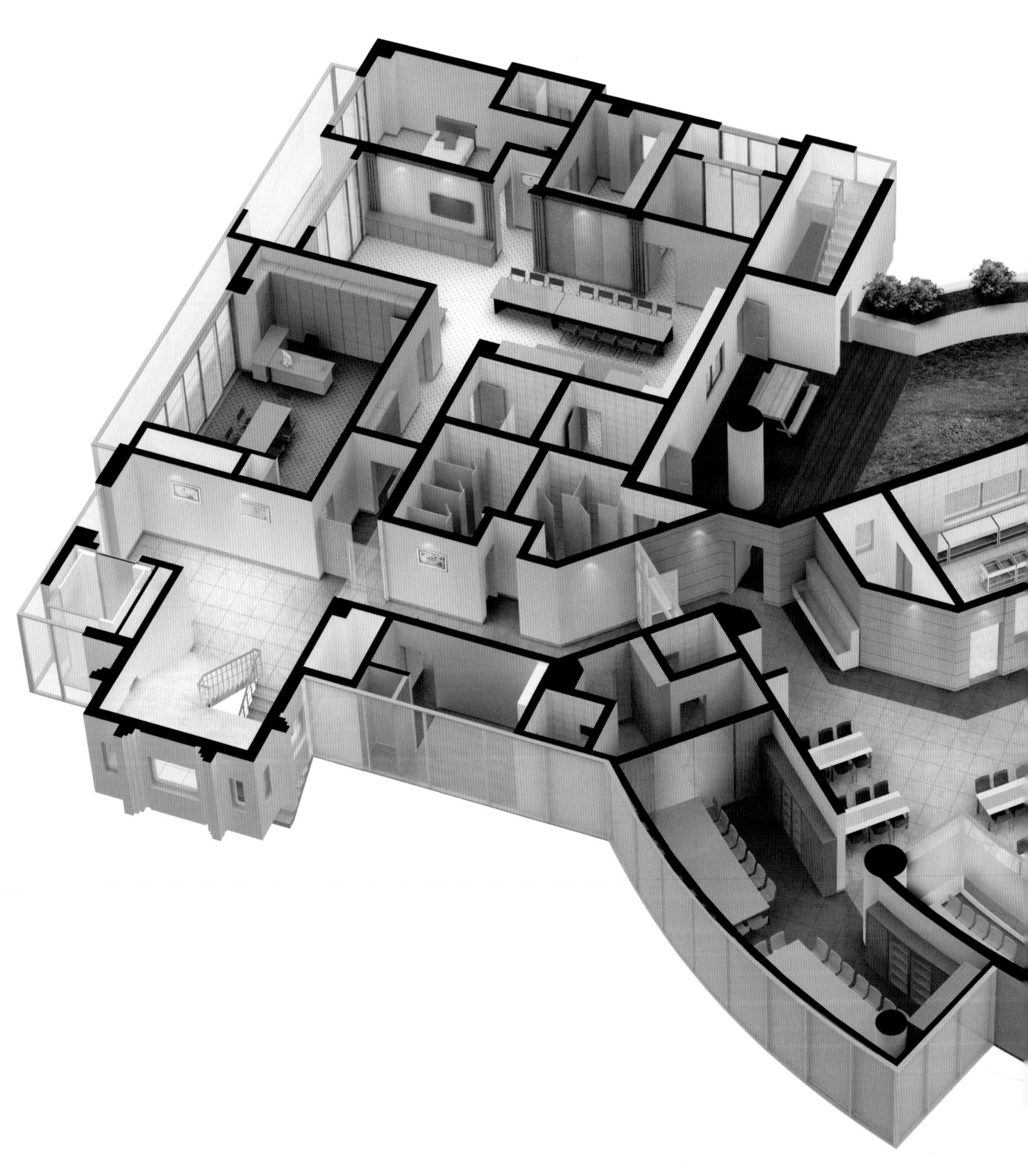

한나라교회 4F 인테리어 설계

식당이 단순한 먹거리 공간을 넘어서서 교제공간, 문화공간, 회의공간으로 활용되는 추세이다. 분위기를 조금만 밝게 하고 정돈하면 작은 집회장소로도 적합할 것이다. 특히 그룹 나눔을 위하여 오픈된 별실을 배치하면 다양하게 쓰일 수 있다.

4F 식당 ISOMETRIC

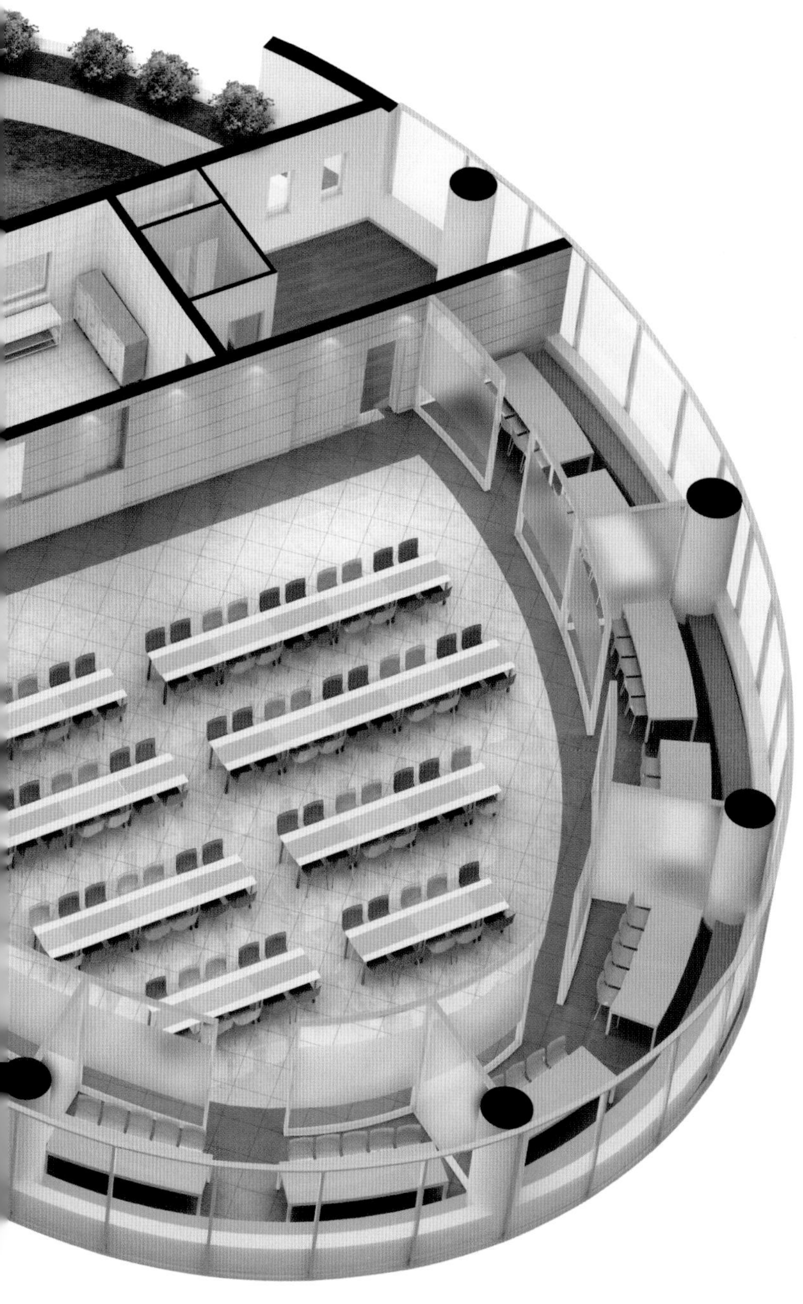

신축 인테리어의 개념도입

교회공간이 다중집회장소의 개념을 넘어서 문화 휴식공간으로 그 기능이 확대되면서 건축설계와 구분된 디자인 설계도입의 중요성이 부각되고 있다. 편곡에 의해서 음악의 완성도가 높아지듯이 별도의 조형적인 시각 표현이 부가될 때 교회 건물에 기능과 표정이 살아날 수 있다.

*건축설계부분(구조. 설비. 법규제한)에 비중을 두다보면 디자인 및 색채계획에 취약점이 노출되며, 시공 및 마감단계에서 시행착오를 겪게 된다(차음, 흡음재, 차별화된 마감재상세 계획).

*디자인 계획은 건축설계 초기단계에서...
- 적기를 놓치면 건축마감을 철거해야하는 경우가 종종 생긴다.
  (광천장, 이미지월, 단상계획, 바닥마감재)
- 건축 마감과 인테리어 마감을 병행하면 비용을 최소화 할 수 있다.
- 건축 시공 부분의 증감을 미리 산정하여 효율적인 예산계획을 세울 수 있다.

건축설계: 야긴건축 /최두길

세현교회 인테리어 설계

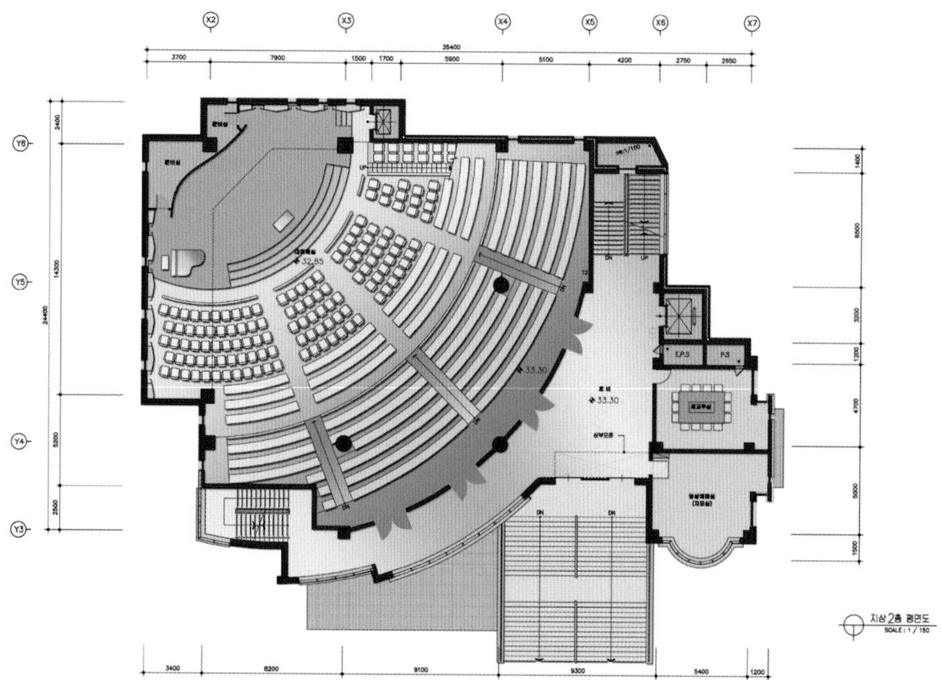
X2
X3
X4
X5
X6
X7
35400
3700
7900
1500
1700
5900
5100
4200
2750
2650
Y6
Y5
Y4
Y3
24400
14300
5200
2500
2400
1400
6500
3200
1200
4700
5000
1500
3400
8200
9100
9300
5400
1200
E.P.S
P.S
DN
UP
지상 2층 평면도
SCALE : 1 / 150

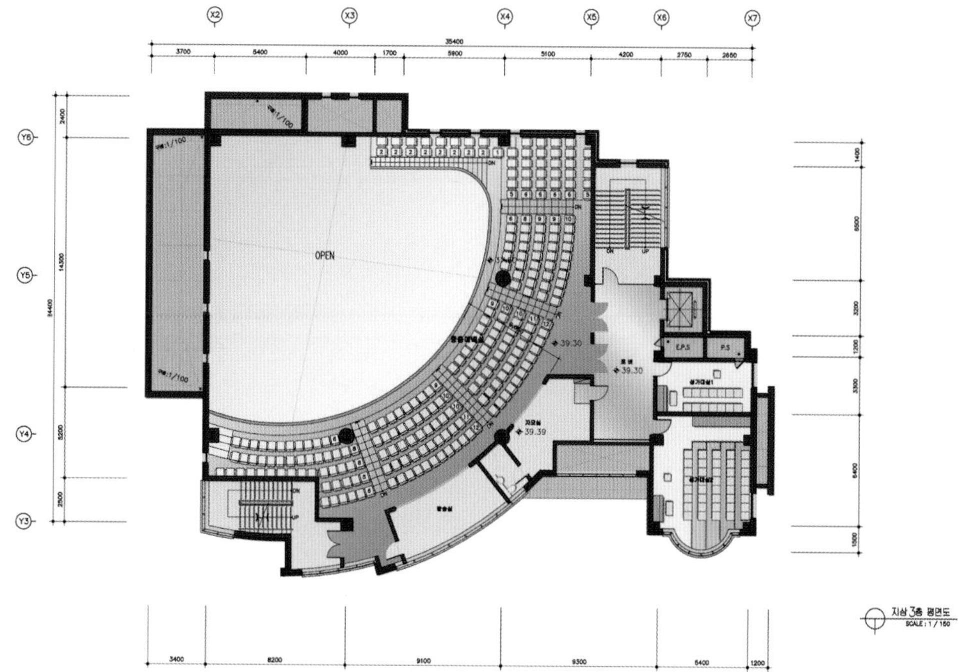
X2
X3
X4
X5
X6
X7
35400
3700
8400
4000
1700
5900
5100
4200
2750
2650
Y6
Y5
Y4
Y3
24400
14300
5200
2500
2400
1400
6500
3200
1200
3300
6400
1500
OPEN
E.P.S
P.S
DN
UP
39.30
3400
8200
9100
9300
5400
1200
지상 3층 평면도
SCALE : 1 / 150

대예배실 전면 투시도

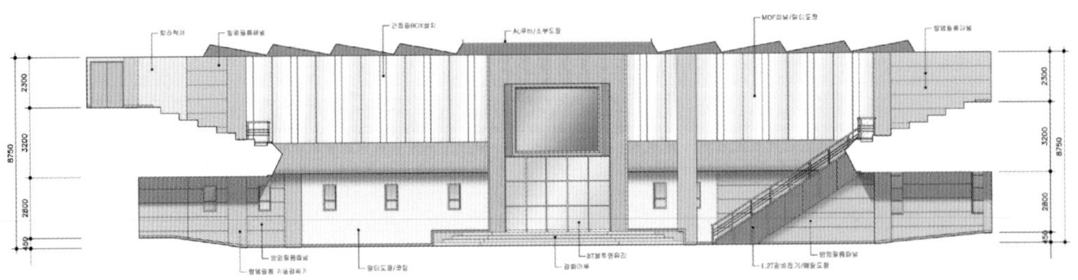

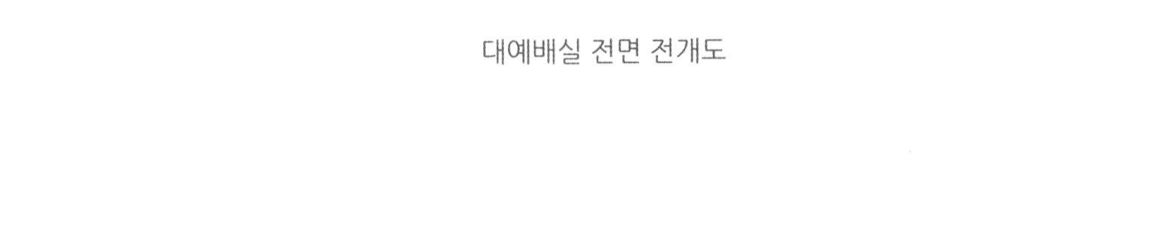

대예배실 전면 전개도

세현교회 예배공간 투시도 및 전개도

대예배실 후면 투시도

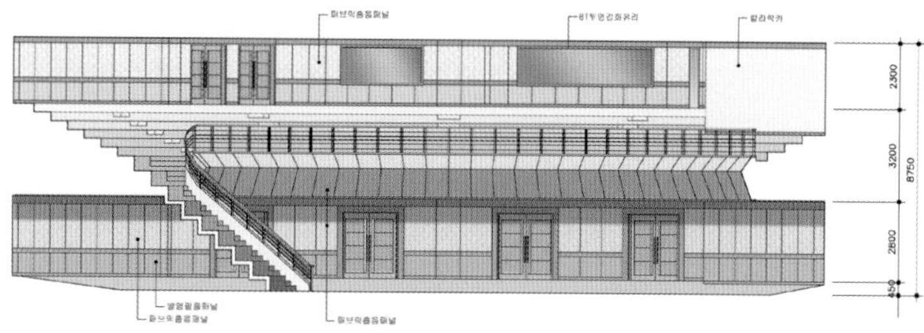

대예배실 후면 전개도

2F 로비 투시도

식당 투시도

세현교회 투시도 및 아이소메트릭

소예배실 투시도

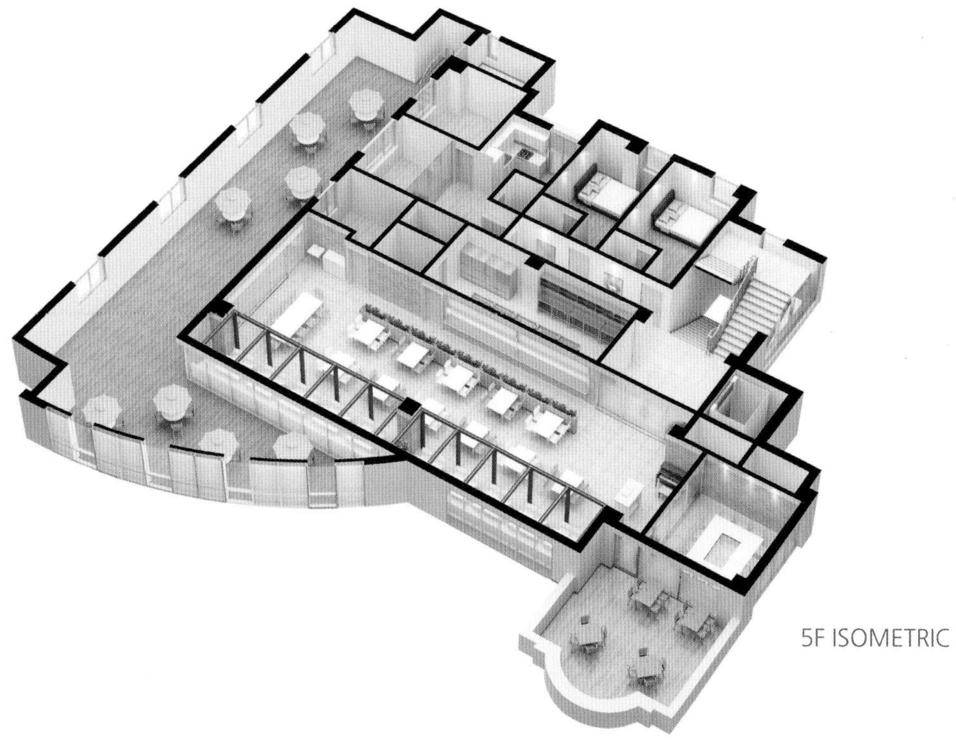

5F ISOMETRIC

예배 후 50-60%에 육박하는 예배공간을 남겨두고 나머지의 좁은 공간에서 각종 집회가 이루어진다.
특히 상가형의 작은 교회에서는 북새통을 이룰 수밖에 없다.
이제는 주방이 딸린 거실 같은 기능의 예배공간이 필요한 때이다.
주방 배식대에 덧문을 설치하면 예배에 전혀 지장이 없을 것이며 다양한 기능을 소화해낼 수 있다.

*회중석 배치

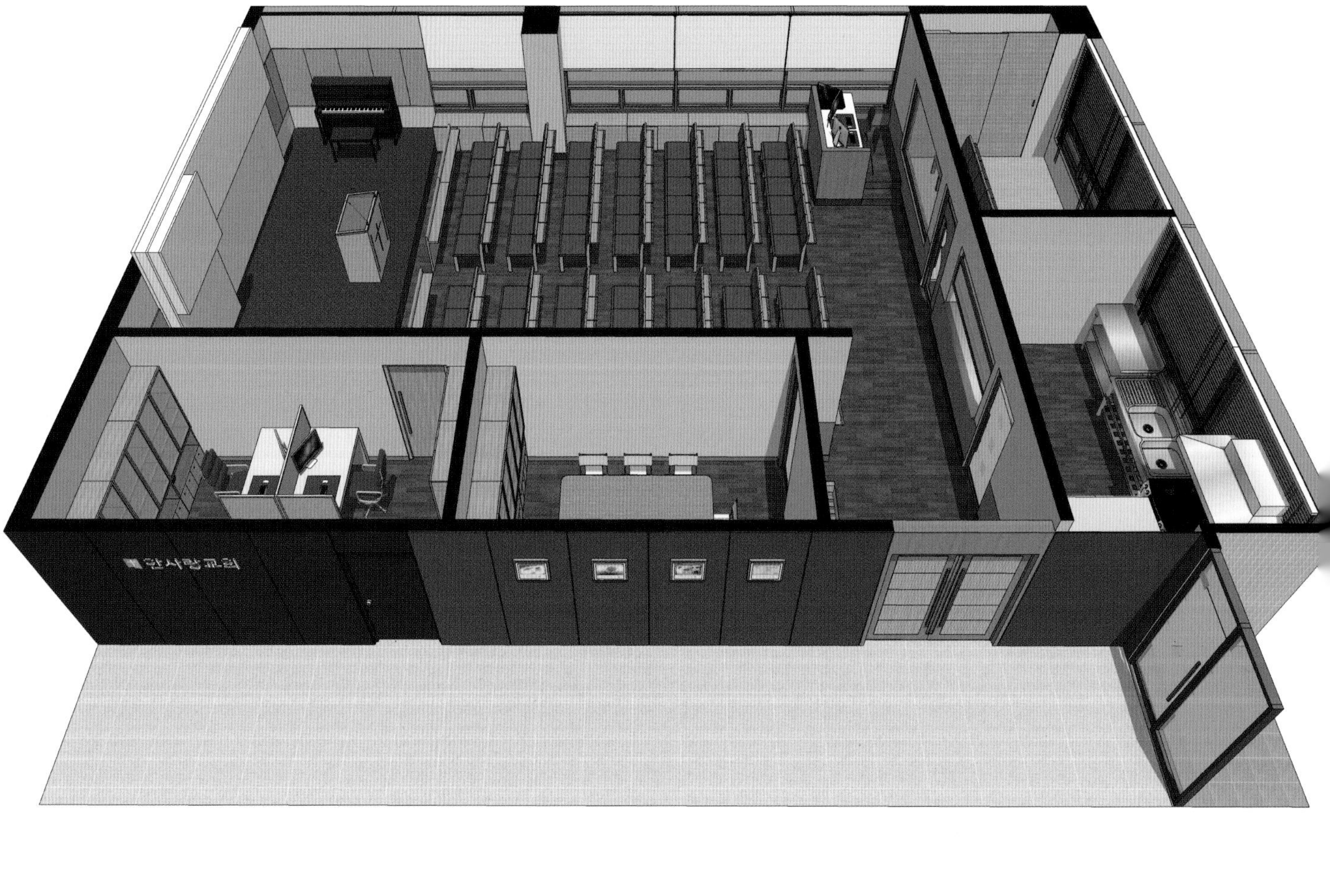

한사랑교회 / 워크샵 및 교제공간으로 확장되는 다용도 예배실

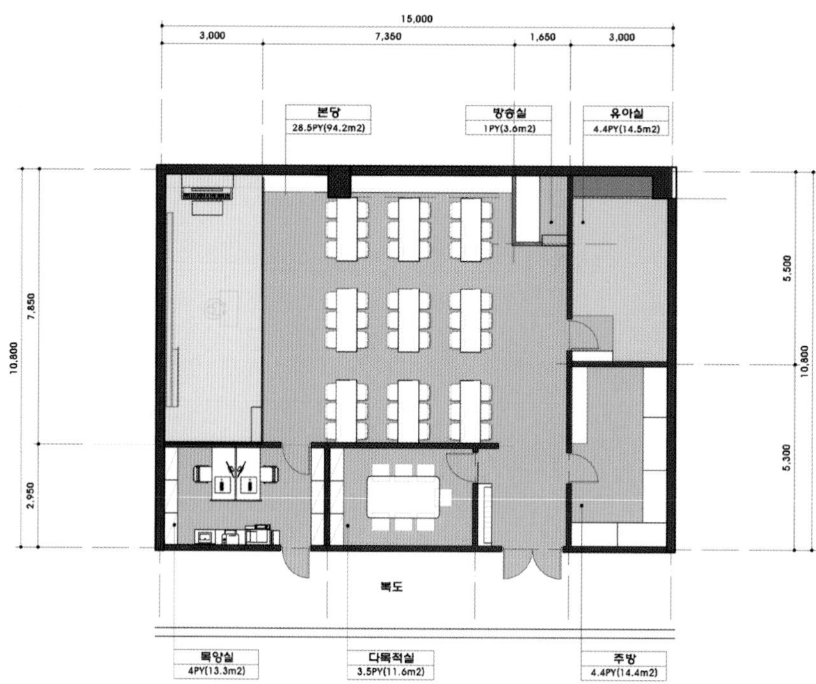

*테이블석 배치

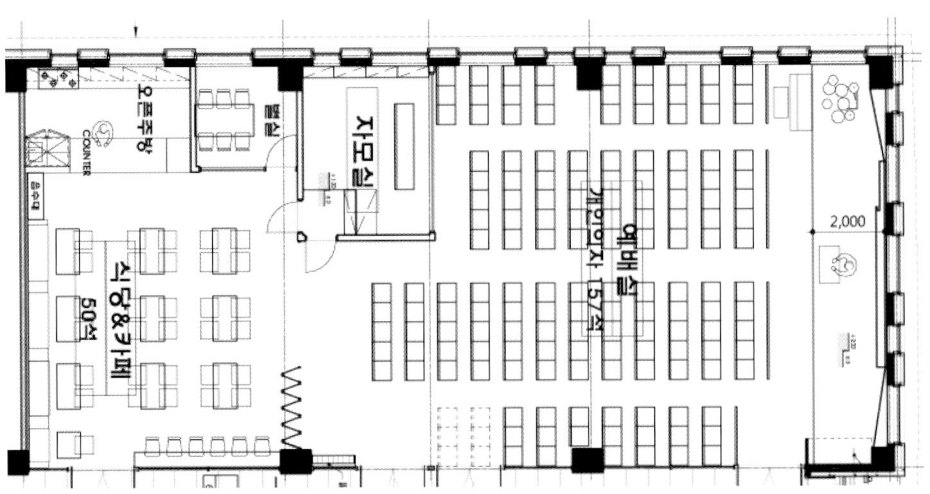
오픈주방
COUNTER
별실
자모실
예배실
개인의자 157석
식당&카페
50석
2,000

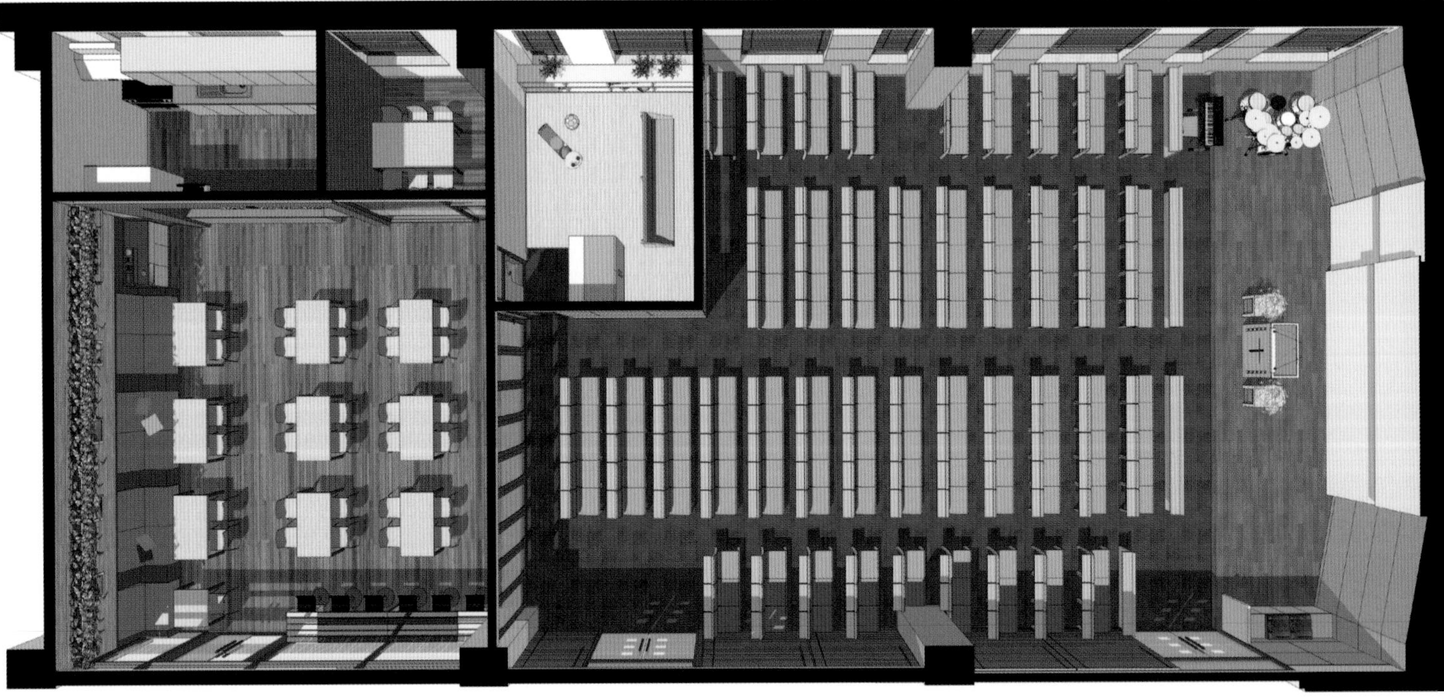

대전열방교회 / 식당공간과 하나되는 예배공간

*열방교회 예배실 우측면도

*열방교회 예배실 좌측면도

*예배공간과 연이은 식당공간

대전열방교회

*예배 공간의 확립
연합예배시 폴딩도어가 활짝 열리고 식당 공간에서도 라이브로 예배에 참석할 수 있게 된다.

행복한우리교회는 상가 건물 4층에 위치한 초소형 교회의 대표적인 예가 된다. 교회 건축 전시회나 세미나에서는 중 · 대형 단독 교회를 마케팅의 표준 대상으로 삼기 때문에 소규모 교회에선 환경 개선의 의지가 있다고 하더라도 상가 교회에 적용될 수 있는 자료를 구하기가 힘들 뿐 아니라 상담조차 어려울 때가 많다.

***예배당의 색상 계획**

예배 공간은 당연히 안정과 위로의 느낌을 주는 난색 계열(벽돌 또는 목재 색상)의 마감재를 사용하는 것이 통념상의 상식이지만, 대형 교회의 축소판에 대한 거부의 몸짓으로 미래 지향적인 녹색 계통의 색조를 적용해 보기로 하였다. 녹색 계열의 예배당으론 국내 첫 사례가 될 것이다. 크롬옐로우-라임그린-청록으로 이어지는 점층법적 색상환 계획은 주조 색상을 녹색으로 선택한 역발상적 메시지를 다소나마 순화시켜주는 역할을 담당하고 있다.

행복한우리교회 / 국내 유일의 라임그린 소예배실

*공간의 효율적 분할

42평의 한정된 공간에 64석의 다목적 예배실, 개방식 주방이 딸린 식당 겸용 카페테리아, 서가, 목양실을 겸한 사무 공간, 수유실을 겸한 온돌방, 예배전실 개념의 현관로비, 공간과 공간 사이의 유기적 동선을 고려한 배치 계획...
작지만 '있을 건 다 있구요...' <화개장터>를 연상케 하는 공간 계획이었다. 확연한 문제점이 눈앞에 전개될 때 얽히고 설킨 실타래를 풀기 위한 긴장감과 의욕이 생기게 마련인가 보다. 그래서 42평의 빤한 공간 안에서 동선 다툼은 치열할 수 밖에 없었다.

* 상가 교회의 한계성 극복

낮은 평천장(2,450mm)을 철거하고 보를 감싸주며 구조체를 따라 높은 단천장(2,950mm)을 형성해 기능성, 조형성에서 다중 집회 시설에 어울리는 높이의 입체적 천장을 완성할 수 있었다.

*회중석 의자의 디자인

기존의 목재 틀은 인장력이 높은 철재 구조 틀로 대체함으로써, 10% 이상의 회중석 확장 효과를 볼 수 있었다.(기존 앞뒤 가용폭 880mm에서 780mm로 슬림화). 회중석 필경대와 하부 선반을 철재 타공 패널로 디자인해 밀폐감을 최소화했다.

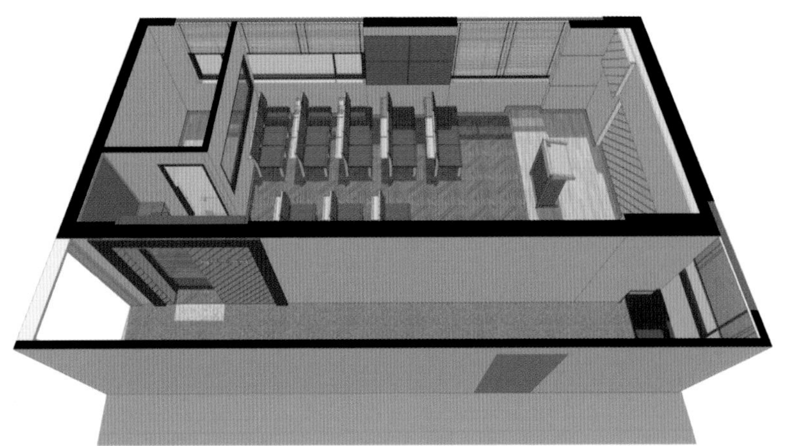

새로운교회

교회건축외관 / EXTERIOR 3

■ 해외편 / 국내편

안팎으로 빛이 되는 교회

리차드 마이어

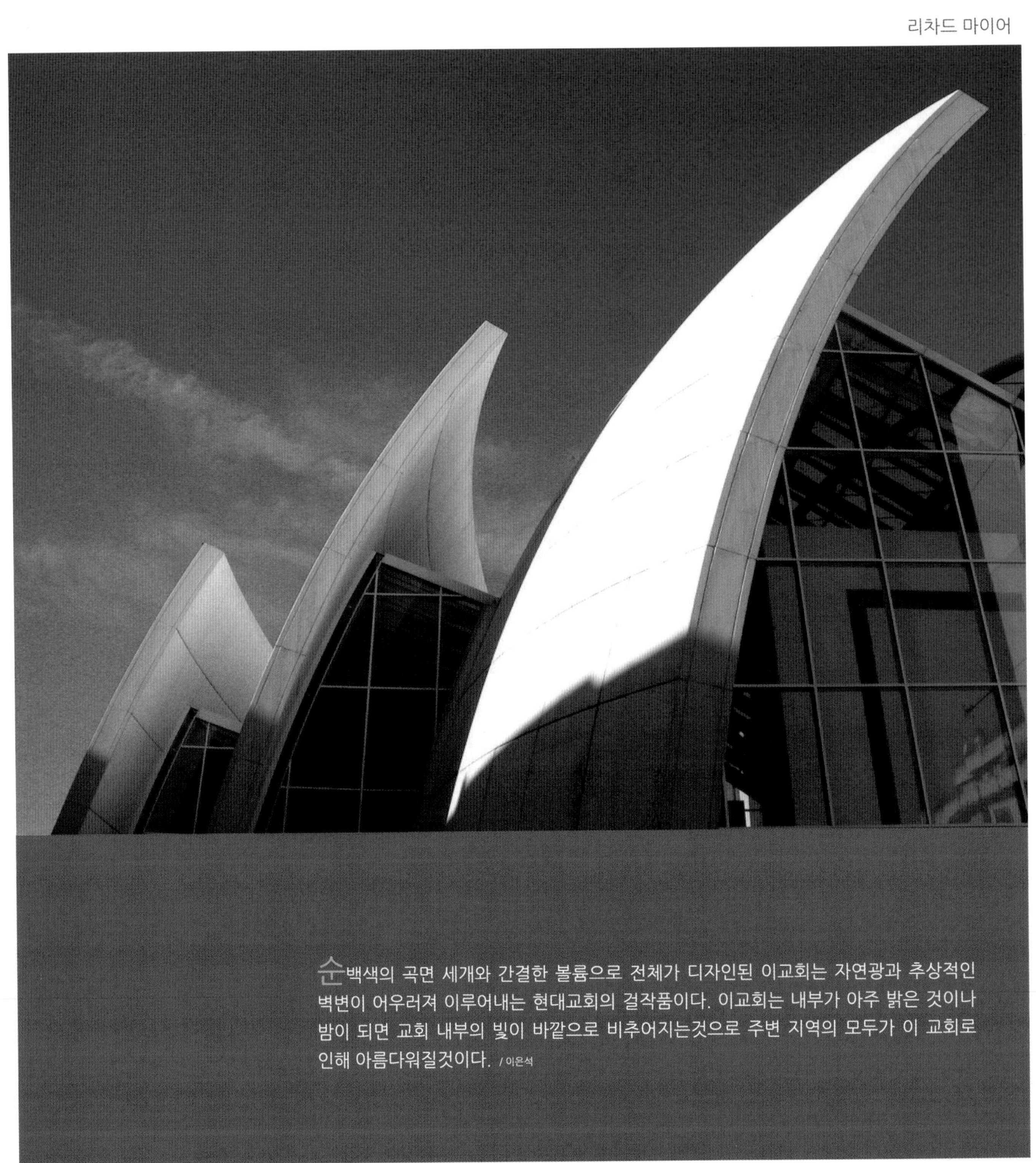

순백색의 곡면 세계와 간결한 볼륨으로 전체가 디자인된 이교회는 자연광과 추상적인 벽변이 어우러져 이루어내는 현대교회의 걸작품이다. 이교회는 내부가 아주 밝은 것이나 밤이 되면 교회 내부의 빛이 바깥으로 비추어지는것으로 주변 지역의 모두가 이 교회로 인해 아름다워질것이다. / 이은석

물의교회 물위에 피어나는 십자가

다다오 안도

호수를 간결한 벽으로 가두고 그 너머로 원경의 숲을 정돈하였고 그렇게 순화된 자연을 교회 내부에서 바라보면서 예배할 수 있도록 드라마틱한 공간속의 예배실을 조서하였다. / 이은석

명료한 사각형의 반복적 평면 구성

다다오 안도

크고 작은 건축 공간들과 빈 중정의 구성은 마치 꽉 짜여진 틀안에서 조정하는 듯한 인상을 주는 명료한 사각형의 반복적 평면구성을 갖고 있음에도 불구하고 그리드 패턴의 다양한 변환이 격조있는 예배 공간들을 조성한다. / 이은석

물위에 떠 있는 듯한 고딕의 채플

VOA associates

이 화이트 채플의 경우는 호수쪽에서 바라보았을때 마치 작은 고딕의 채플이 빛을 발하여 물위에 떠 있는 듯한 느낌을 주고 있다. 수직의 원추공간이 주는 추상적 경건성과 강단 너머 먼 경치가 베푸는 구체적 자연의 교훈이 함께 어울리며 화답하는 듯한 아름다운 효과를 거두게 된다. / 이은석

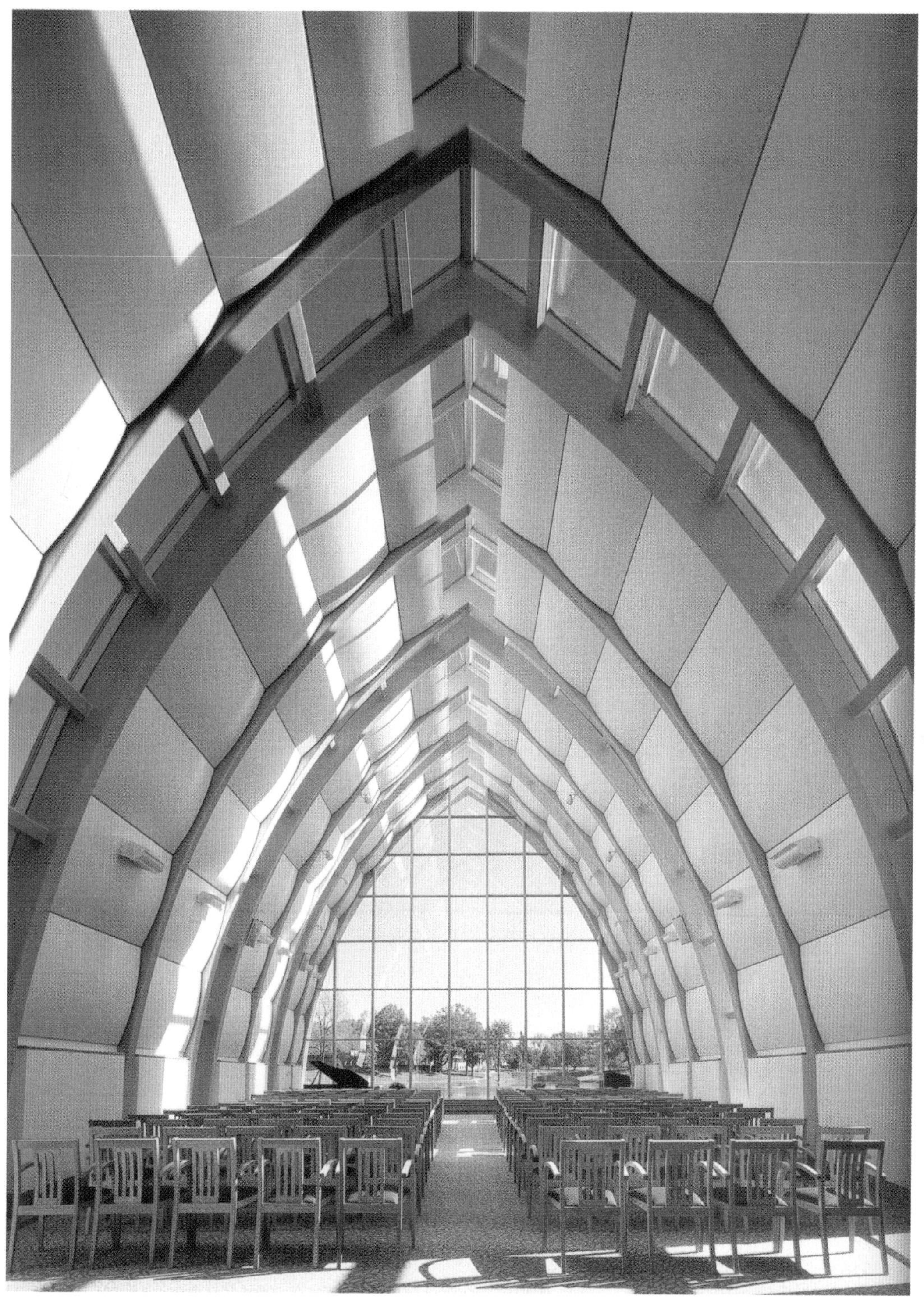

롱샹교회 자유로운 형상의 교회

르 꼬르비제

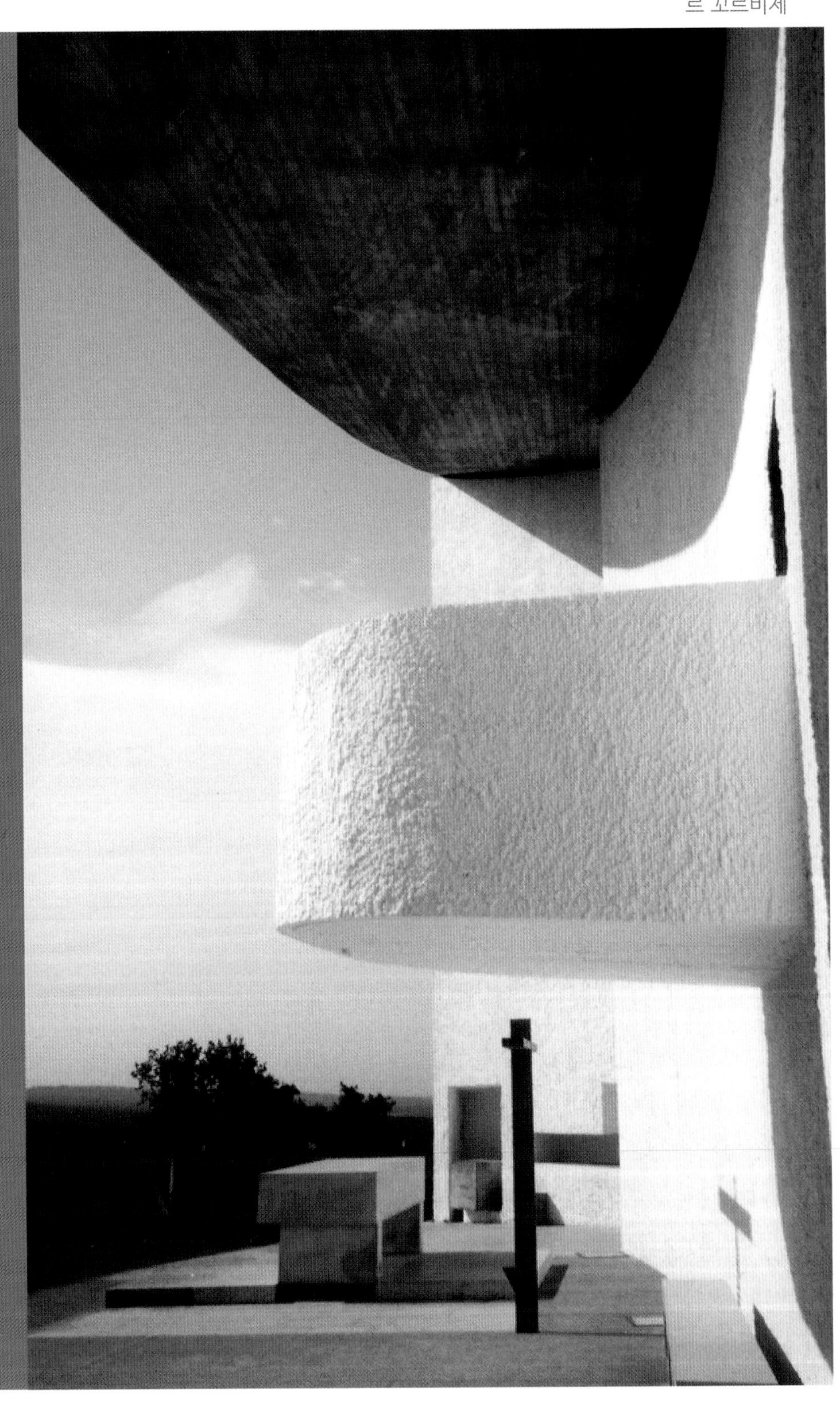

하늘을 향한 상징성의 가치가 수직적인 탑상의 형태로 부터 비스듬히 솟아오른 대각선의 지붕으로 전환되었다.
콘크리트 구조 가 가능하게 만든 벽면과 지붕의 자유로운 형상이 한껏 발휘된 낭만적인 현대교회이다. 내부로 들어서면 두꺼운 벽을 관통하여 부서지듯이 스며드는, 별빛 같은 현란한 빛의 효과는 환상적이면서 경건하기까지하다. 그러나 이 교회도 너무나 공간의 미적인 효과만을 지향함으로써 일상적인 교회 기능에 부합하지는 못한 것이 사실이다.

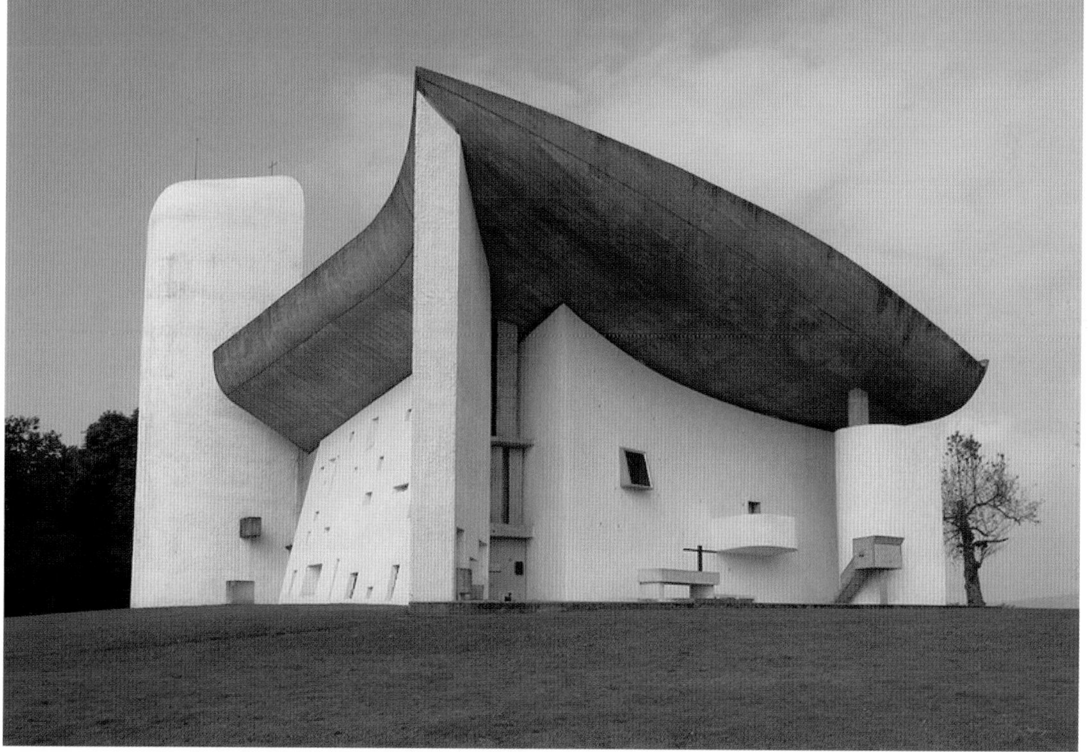

제주도의 지역적 특색을 반영한 설계

서인건축 / 최동규

교회건물 전면 측면에 있는 불규칙한 수직으로 된 직선형의 경사진 수직 창은 유난히 비가 많은 제주도의 기후를 상상하여 비가 막 오기 시작하는 상황에 유리창에 떨어지는 비의 궤적을 형상화 한 것이다.

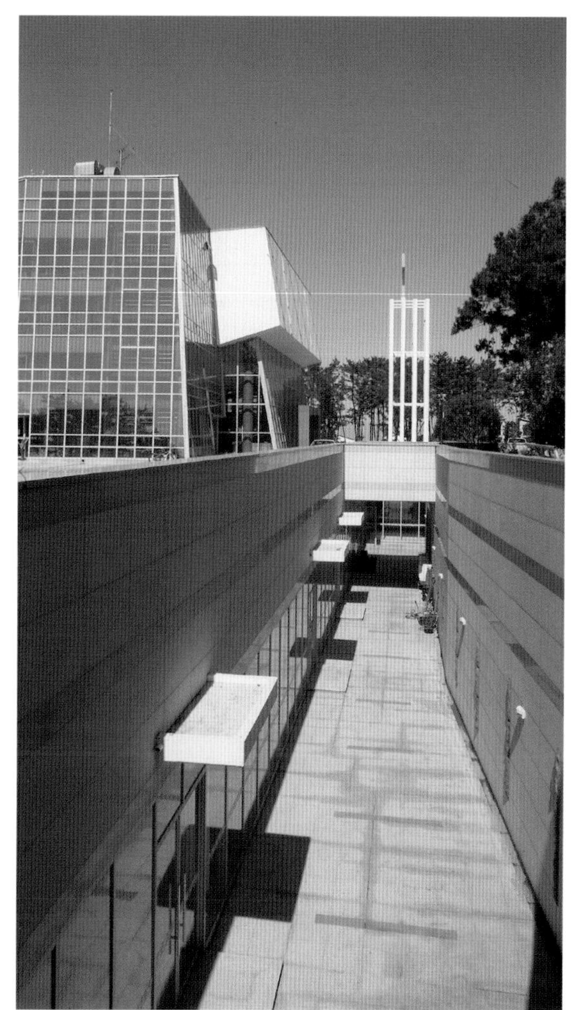

· 선큰에어리어 공간

지하공간의 폐쇄감을 최소화 하기 위하여 외벽을 뒤로 이동하여 썬큰에어리어 공간을 확보하였다. 온종일 느껴지는 자연채광과 산들바람은 낮은데로 임하는 은총에 비견할만하다.

· 바위의 형상

제주도만의 볼거리라고 할 수 있는 것은 이런저런 모습의 바위들이다. 정형화된 수직 수평의 공식을 잠시 벗어 버리고 그 불규칙한 바위의 형상을 설계에 반영하고 싶었다.

일산동안교회 형태의 한계적 상황에 순응, 절제의 조형미

칸 · 도시건축 / 이용우

지구단위계획에 의해 건폐율, 층수, 건축선등의 규제를 받고 교회가 요구하는 최대한의 용적을 확보하기위해 건물의 형태는 직육면체가 될 수 밖에 없었다.

한정된 형태는 최소한의 조작과 재료를 통해 교회의 이미지를 나타내야 했다. 순수, 정직, 절제가 교회건축의 미덕이라고 생각해 왔기에 그에 순응하여 최소한의 디자인으로 마무리 하려 하였다.

공 사 명 - 일산 동안교회 신축공사
대 지 - 경기도 고양시 일산동구 백석동 1177번지
지역지구 - 제1종 일반 주거지역 / 제1종 지구단위 계획구역
대지면적 - 729.90㎡
건축면적 - 434.34㎡
연 면 적 - 2,325.27㎡
건폐율(법정)- 60%
(설계)- 59.51%
용적률(법정)- 200%
(설계)- 160.55%

구 조 - 지하: 철근콘크리트 / 지상: 철골조
층 수 - 지하2층, 지상4층
건물높이 - 20.2m
주 차 - 산정:100㎡당 1대 / 법정:18대 / 설계: 18대
외장재료 - 지붕마감태: 평슬라브
주요외장재: 복층유리/노출콘크리트/금속패널
기계설비 - EHP(천장형), 온수바닥난방

건물은 빛을 받아서 반짝이고 또 붉게 물든다.
시간에 따라 변화하는 빛으로 인해 건물은 생명을 얻는다. 좋은 건물은 도시 속에서 배경으로 조용히 있다가 날이 밝으면 환한 모습으로 그 윤곽을 드러낸다.
교회건물은 과장된 모습으로 스스로를 내세우며 거드름을 피워서는 안된다. 더구나 교회의 성장을 과시하여서도 안 된다. 차분하게 이웃의 모든 이들을 포근하게 감싸줄 수 있는 편안한 곳이어야 한다.

세계지도를 방주에 품다.

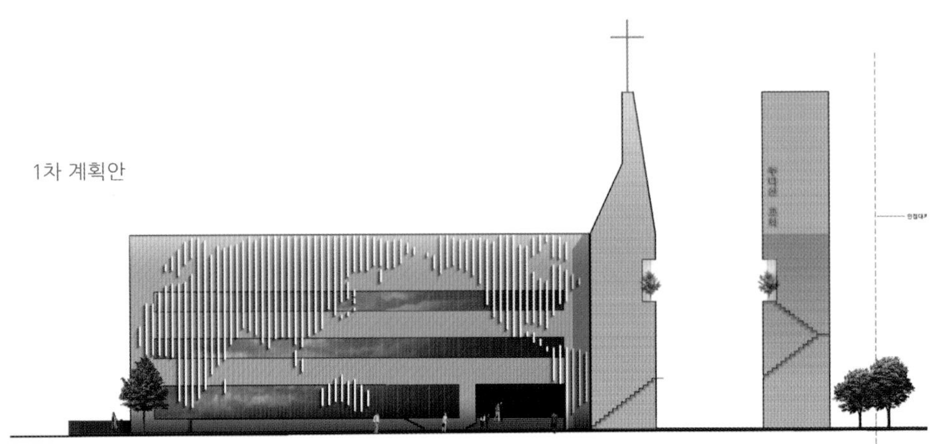

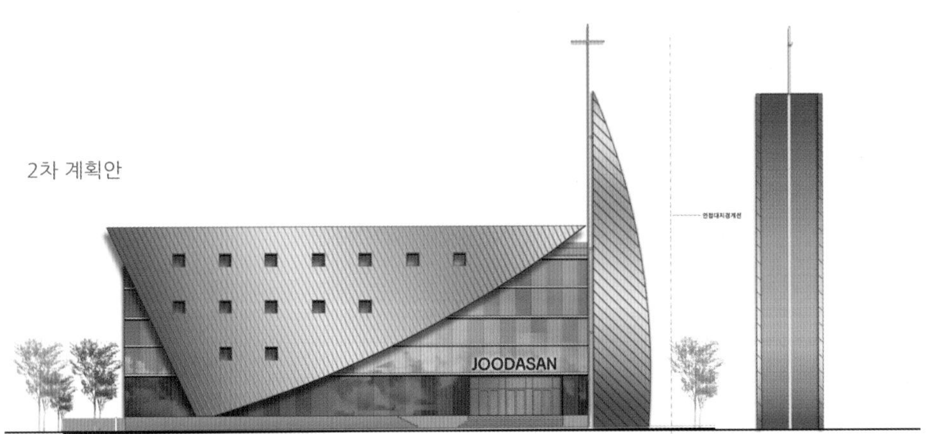

① 1차 계획안은 금속 파이프를 이용하여 세계지도를 형상화하였다. 선교지도의 개념이기도 하지만 파이프 오르간의 리듬감이 아우러지는 듯하다. 종합에는 하늘 계단 종합벽체를 이용하여 하늘을 향한 계단을 상징적으로 표현 하였다.

② 2차 계획안은 징크패널을 바탕으로 하여 방주모양의 형태를 상징화 하였다.

③ 2차 계획안을 통해서 구원 받은자와 물에 빠진 세속의 2분법적인 개념을 지우기가 힘들다는 의견을 반영하여 세계를 방주에 담자는 상징으로 ①,② 를 통합하여서 ③안이 완성되게 되었다.

디자인설계 / 장형준

통합안

푸른초장교회 생명수가 넘치는 푸른초장교회

강 좌우 가에는 각종 먹을 과실이 자라서 그 잎이 시들지 아니하며 열매가 끊이지 아니하고 달마다 새 열매를 맺으리니 그 물이 성소를 통하여 나옴이라 그 열매는 먹을 만하고 그 잎사귀는 약재료가 되리라. (겔 47:12)

규빗건축 / 윤승지

대지 위치 - 광주광역시 남구 임암동 3400-0
지역 지구 - 광주 효천 1지구 종교부지1
용　　도 - 종교시설
대지 면적 - 1,768.00 ㎡
건축 면적 - 972.24 ㎡ (294 평)
건 폐 율 - 57.18 % (법정 : 60% 이하)
연 면 적 - 4,155.02 ㎡
용 적 률 - 149.57 % (법정 : 150% 이하)
층　　수 - 지하1층, 지상4층
구　　조 - 철근콘크리트구조
최고 높이 - 19.2 M (십자가탑 포함 : 27.9M)
외부 마감 - 노출콘크리트, 징크
설비 개요 - EHP
주차 대수 - 법정 : 29 대 (2,895.49㎡/100 = 28.92)
68대(프로그램주차포함시 총84대 주차가능)

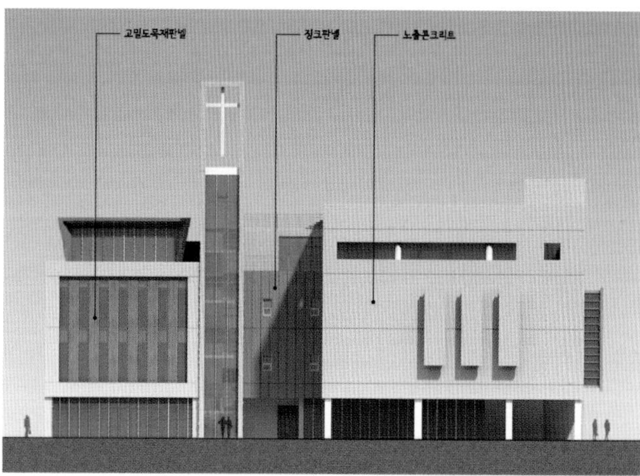

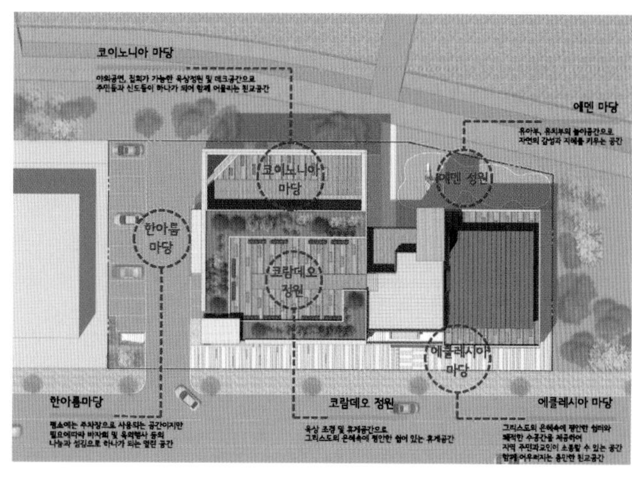

예배당의 효시인 초가삼간을 디자인의 모티브로...

아벨종합건설/양민수

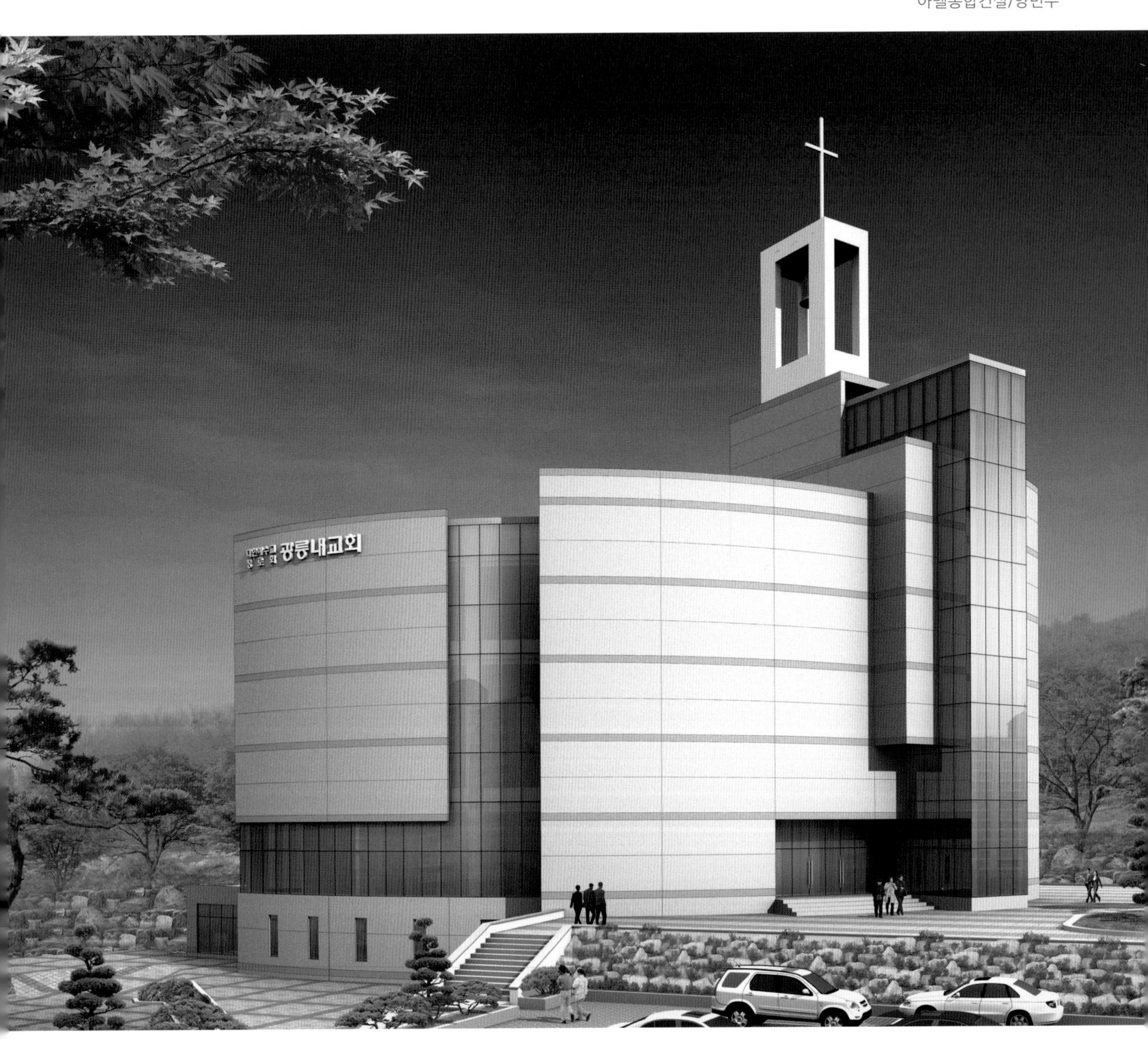

1906년 10월 1일 미국 북장로교 선교사인 곽안련목사에 의해 부평리 최봉준 덕준 억준 형제의 헌신 아래 대지 34평을 초가 삼간 교회로 출발한 광릉내교회는 현재 104년의 역사를 자랑하고 있다. 이에 따라 동 교회는 100주년 기념비적인 교회를 건립할 예정이다.

이러한 차원에서 광릉내 교회의 역사적 예배당의 효시인 초가삼간을 디자인 모티브로 삼아 현대 건축으로 재해석하여 100주년 기념교회로 건축하도록 디자인을 결정했다. 주변 산새의 자연스러운 능선을 따라 초가삼간의 형태적 곡선과 유기적인 결합이 어울리는 건축물로 마련될 동 교회당은 지역의 빠른 발전과 더불어 변화하는 도시에 정면성을 대응하도록 배치했다.

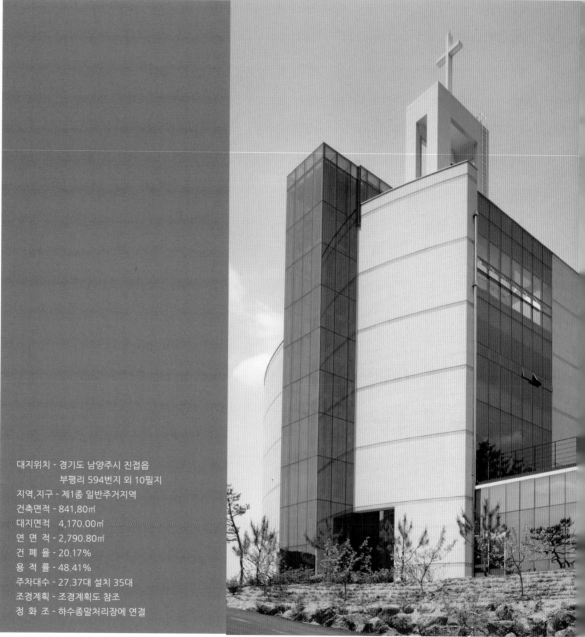

대지위치 - 경기도 남양주시 진접읍
부평리 594번지 외 10필지
지역,지구 - 제1종 일반주거지역
건축면적 - 841,80㎡
대지면적 4,170.00㎡
연 면 적 - 2,790.80㎡
건 폐 율 - 20.17%
용 적 률 - 48.41%
주차대수 - 27.37대 설치 35대
조경계획 - 조경계획도 참조
정 화 조 - 하수종말처리장에 연결

풍기동부교회 이웃을 향해 기쁜소식(The Good News)을 내보이다

코마건축/이은석

기존의 교회는 교회 부지와 닿는 도로에서 깊숙히 들어가 있어 이웃과 도시를 향하 패쇠적으로 느껴졌다. 새로운 공간의 요구에 따라 증축된 교회는 이제 한껏 열린 정면을 갖게 되었고, 도로에 면한 홀은 지역사회를 위해 열린 휴식처가 되었다. 도로와 접한 수공간에 놓인 7개의 기둥은 교회의 내외부를 자연스럽게 분리 서로다른 공간으로 규정하는 역할을 한다.

광천교회 가시덤불의 숲을 헤쳐야하는 하나의 큰 도전

세진예공건축 / 백창건

서울이라는 도시, 더군다나 재개발사업으로 복잡한 성북구에서 교회를 건축하기란 건축법규와 여러 가지 제약 등으로 가시덤불의 숲을 헤쳐야 하는 하나의 큰 도전이었다

꺽어지고 틀어지고 다시 꺽어진 대지 형상에 큰 예배공간과 다목적 체육공간을 배치 해야하는 문제, 35m전면도로에는 지하철이 지나고 있어 지하 5층 깊이의 지하옹벽과 지상7층의 건물을 안전하게 건축해야 하는 문제, 전면도로와 대지간에 6m에 이르는 높이 차이 등등..

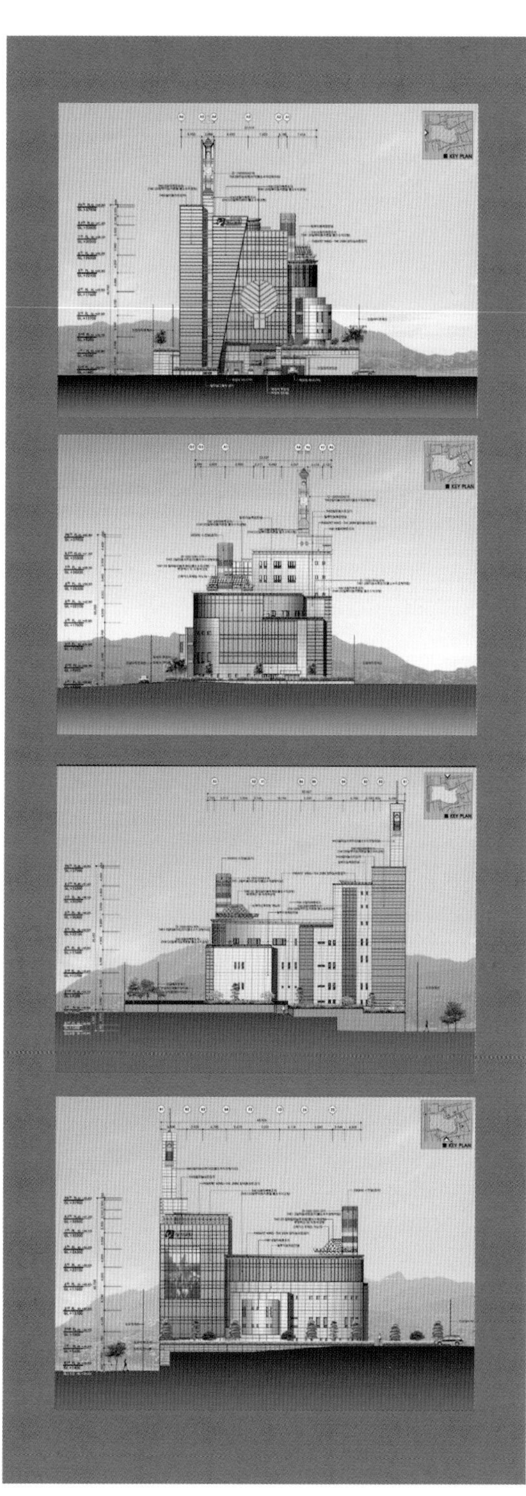

전면도로와 대지간의 높이 차이를 이용하여 공개공지를 거쳐 지하1층 현관로비로 동선이 유도됨으로써 지역 주민에게 쉼터를 제공하고 편안하게 코이노니아하는 장소가 될 것이다.

왕십리교회 교회창립 100주년을 상징하는 아이덴티티적 건축설계

규빗건축 / 윤승지

그리스도의 현존으로서 예수님의 손이 왕십리교회를 감싸 안고 있는 이미지를 상징화하였다. 지역주민들의 접근성을 최대한 배려한 동선계획으로 지역사회에 '열린교회'이미지를 부각시키고 교회창립 100주년을 상징하는 교회 고유성을 표현하여 인근지역의 랜드마크로서 자리매김 하도록 하였다.

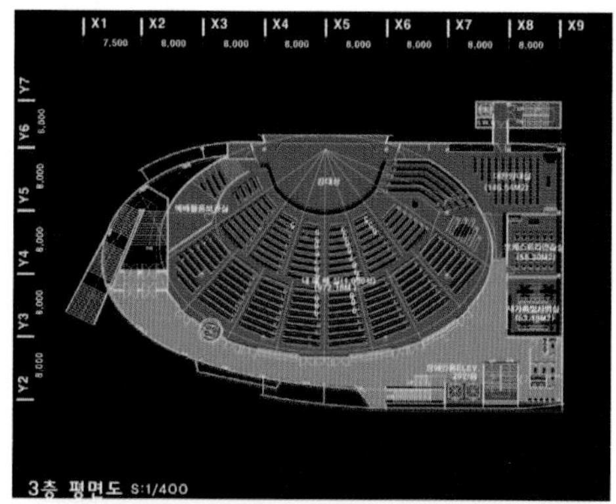
3층 평면도 S:1/400

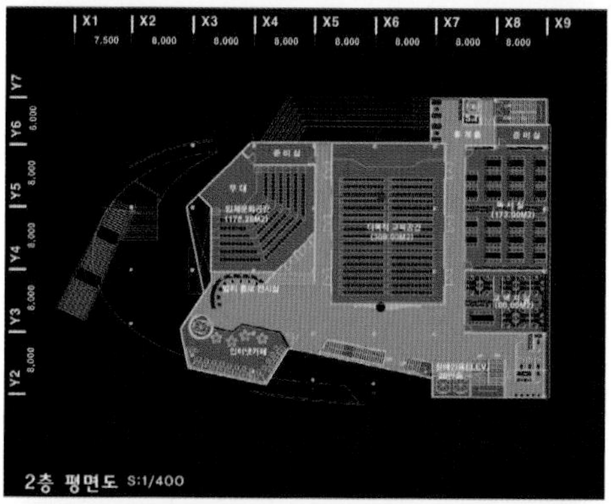
2층 평면도 S:1/400

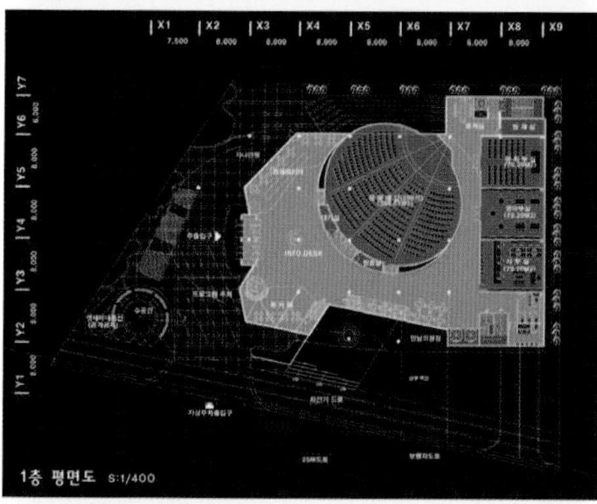
1층 평면도 S:1/400

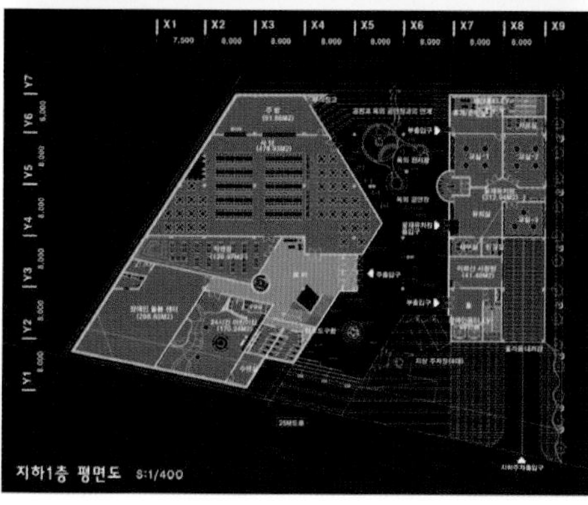
지하1층 평면도 S:1/400

자연의 빛을 내부로 끌어들여 자연과의 조화를 통한 밝고 친환경적인 공간 구성과 BIPV의 신공법을 통한 에너지 절약 방안을 적극 도입하였다.

대지 위치 - 서울시 성동구 하왕십리 뉴타운 3지역
지역 지구 - 제1종 지구단위 계획구역,
제3종 일반거주지역
대지 면적 - 3,474.00 ㎡
도로 현황 - 북측 : 25M도로, 12M내부순환가로
연 면 적 - 18,877.72 ㎡
건축 면적 - 1,733.40 ㎡
건 폐 율 - 49.90 % (법정 : 50%)
용 적 률 - 238.86 %
(기준 : 210%, 허용 : 230%, 상한 : 250%)

구 조 - 철골철근 콘크리트
규 모 - 지하4층, 지상8층
대예배실 좌석수 : 1660석
최고 높이 - 49.8M
외부 마감 - THK24로이복층유리(BIPV시스템)
알루미늄 펀칭 메탈/쉬트

광석교회 비상하는 자태속에서 교회로서의 의미를 시사하고 있다.

정주건축 / 정시춘

이 프로젝트 또한 지명현상설계에서 당선한 작품으로, 도심 주거지 재개발 계획에 따라 재건축 되는 교회건축이다. 부지는 서울 동대문구 용두동 주택 재개발 지역의 중앙부에 위치하여 3면이 폭 8~12m의 도로를 사이에 두고 고층 아파트 군으로 둘러싸이고 나머지 한 면은 동사무소 건물과 인접해 있다.

따라서 건물은 동사무소와 등지고 단지 중심을 향하여 배치하고 전면에 광장을 두어 개방하도록 하였다.

형태는 주변의 거대한 아파트 군 속에서 교회로서의 식별성을 추구하였으며, 예배실은 경건성, 단순성, 통일성 및 집중성을, 기타 공간에는 기능성, 쾌적성, 친밀성과 개방성을 추구하였다.

전농 감리 교회

강릉 중앙 교회

미사강변교회 빛의 울림

빛으로 오신 예수님의 의미를 담아
시간의 흐름에 따라 시시각각 변하는 빛을 체험할 수 있도록 계획하였다.

아벨종합건축사사무소 / 양민수

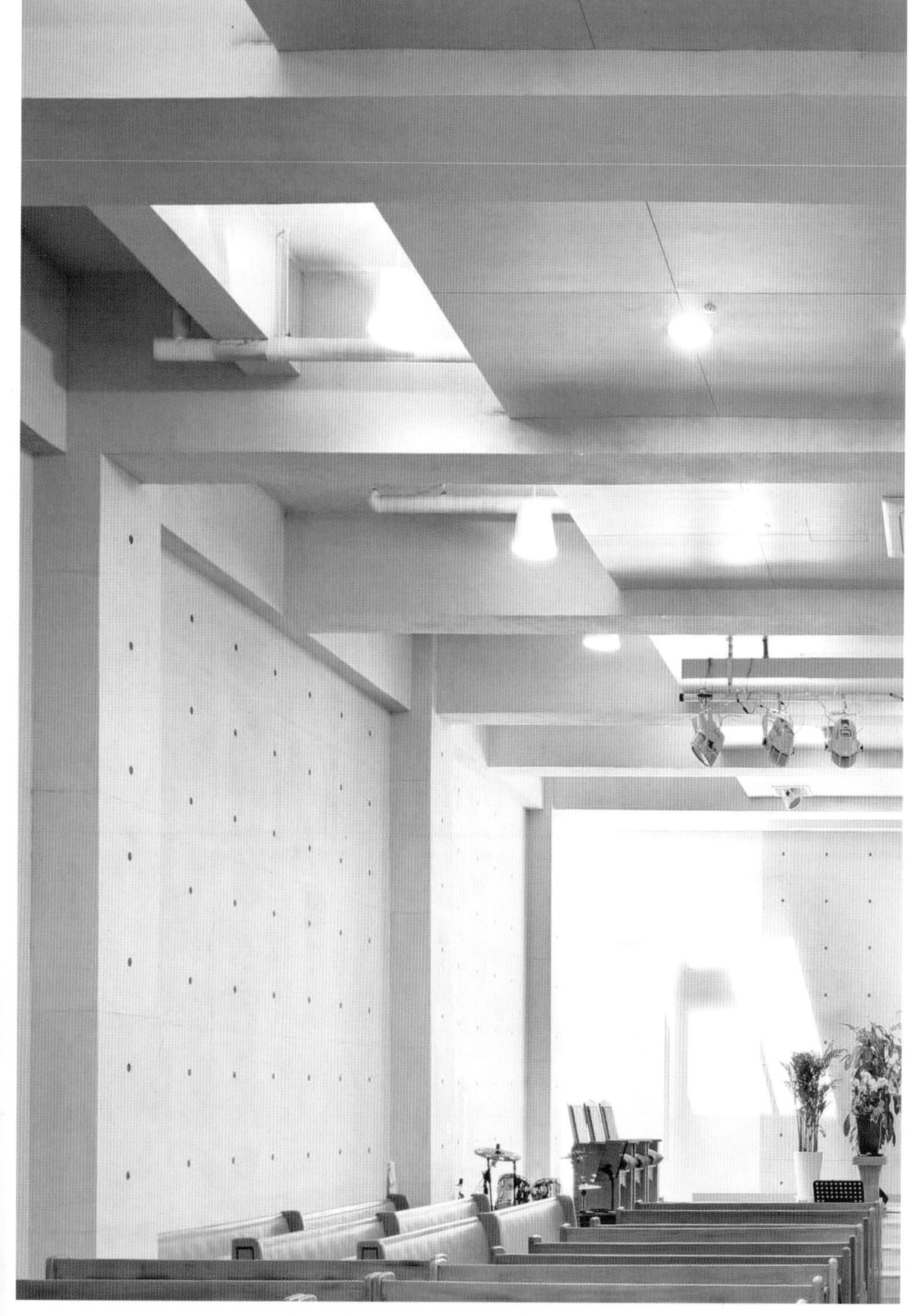

본당 내부 단천장의 모습

이미지월 "눈보다 더 희게 하셨네"

디자인 설계 / 장형준

면의 이미지월에 사각모듈을 디자인하고 색상과 명도의 이를 두었으며 내부에 간접조명틀을 설치 하면서 앙부쪽의 조도를 빛나게 하였다

트라이앵글을 통하여 하늘을 바라본다.

수직적 열림과 수평적 전개 /이은석(경희대학교 교수)

충남 서산시 부석면에 위치한 터라 부석교회로 불렸다. 서산에서 안면도 바다를 향해 난 작은 길가에 자리잡은 조촐한 교회당은 하늘에 보화를 쌓아두라는 하늘보석교회로 개명하면서 이런 의미를 건축적으로 내포했다.

코마건축 / 이은석

하늘과 땅 사이, 보이드와 솔리드 공간 사이, 자연과 건축물 사이로 하늘보석 십자가가 관통하듯 매달려 있다.

수직적 조형과 하늘 사랑

하늘보석교회라는 이름이 주는 신선한 상징은 실제 건축물로 풀어나가는 주요 개념이 되었다. 우선 하늘을 의미하는 트리니티(삼위일체)의 상징에 푸른 하늘을 담기 위해 안쪽이 빈 삼각형 볼륨을 시도했다. 그리고 예배와 기도를 드리는 성별 공간은 땅을 의미하는 직사각형 도형 속에서 예배실 둘레를 순환하는 복도와 브릿지 동선으로 꿰매었다.

수직의 하늘을 열망하는 탑과 반짝이는 유리 조형의 볼륨은 삼각형의 빈 공간 속에서 앞서 말한 상징 가치를 품고 매달려 있다. 또한 삼각형으로 들린 노출 콘크리트 벽면 볼륨은 하늘을 향해 열려있을 뿐 아니라 동시에 그 아래로도 열린 효과를 자아내며, 이웃을 향한 존재라는 교회의 근본적인 가치를 추상적으로 형상화하고 있다.

자연과 조화된 아름다운 공간 '나무들의 집'

지역주민, 나그네를 위한 쉼터 "나무들의 집"

서울 방화동 큰나무교회(담임목사 임종수) 교인들과 정주건축 식구들이 머리를 맞대고 정성을 쏟아부었던 자그만 쉼터. '나무들의 집'이 드디어 문을 열었다. 그곳을 찾아간 나를 안내해주던 임종수 목사님께 여쭈어 보았다.

"기도원인가요?" "글쎄, 휴식도 취하구요" "그럼 수련장이군요" "글쎄요, 예배도 드려야지요." "그럼, 대상은 누구입니까?" "우리 교인일 수도 있구요. 지역주민의 교회일 수도 있지 않겠어요?" 단문 형태의 나의 질문에 목사님의 생각은 훨씬 더 열려 있었다. 소담한 그릇에 담을 많은 행복프로그램과 초대받을 많은 사람들을 생각하고 있었던 것이다.

인천 강화도 한적한 마을 입구에 위치한 이 건물은 교인들의 휴식과 훈련은 물론 자연생태 체험장으로서 그리고 지역을 섬기는 작은 교회로서 건립되었다.

이 집은 50명 정도를 수용할 수 있는 작은 예배실과 두 채의 숙소, 따끈한 차한잔 마시며 담소할 수 있는 작은 카페로 꾸며져 있다. 건물들은 예배실을 중심으로 'ㄱ'로 이어진 숙소동이 중정을 이루면서 배치됐다. 숙소동은 목재 널을 붙인 벽 위에 박공지붕을 얹은 단순한 형태이다. 때에 따라 이곳에서 크고 작은 야외행사가 일어나기를 기대하고있다.

반면에, 중정의 한 면을 이루는 예배실은 교인들과 지역 주민들이 모여서 예배를 드

정주건축 / 정시춘

(국민일보 컬럼에서)

리는 공간이지만, 지나가던 나그네가 들려서 조용히 명상의 기도를 드릴 수도 있는 친밀한 공간이다.

세상의 삶에 지쳤을 때 어느 날 훌쩍 떠나와서 조용히 자신을 돌아보며 하나님과 대화 할 수 있는 곳이다. '나무들의 집'의 외형은 자그마하지만 많은 것들을 품을 수 있는 큰 소망의 뜻으로 이루어졌다.

자연과 조화된 아름다운 공간으로 태어난 '나무들의 집'에서 많은 영혼들이 안식과 쉼을 얻고 하나님을 만나길 기대한다.

콘도미니엄 또는 개인별장 같은 숙소동

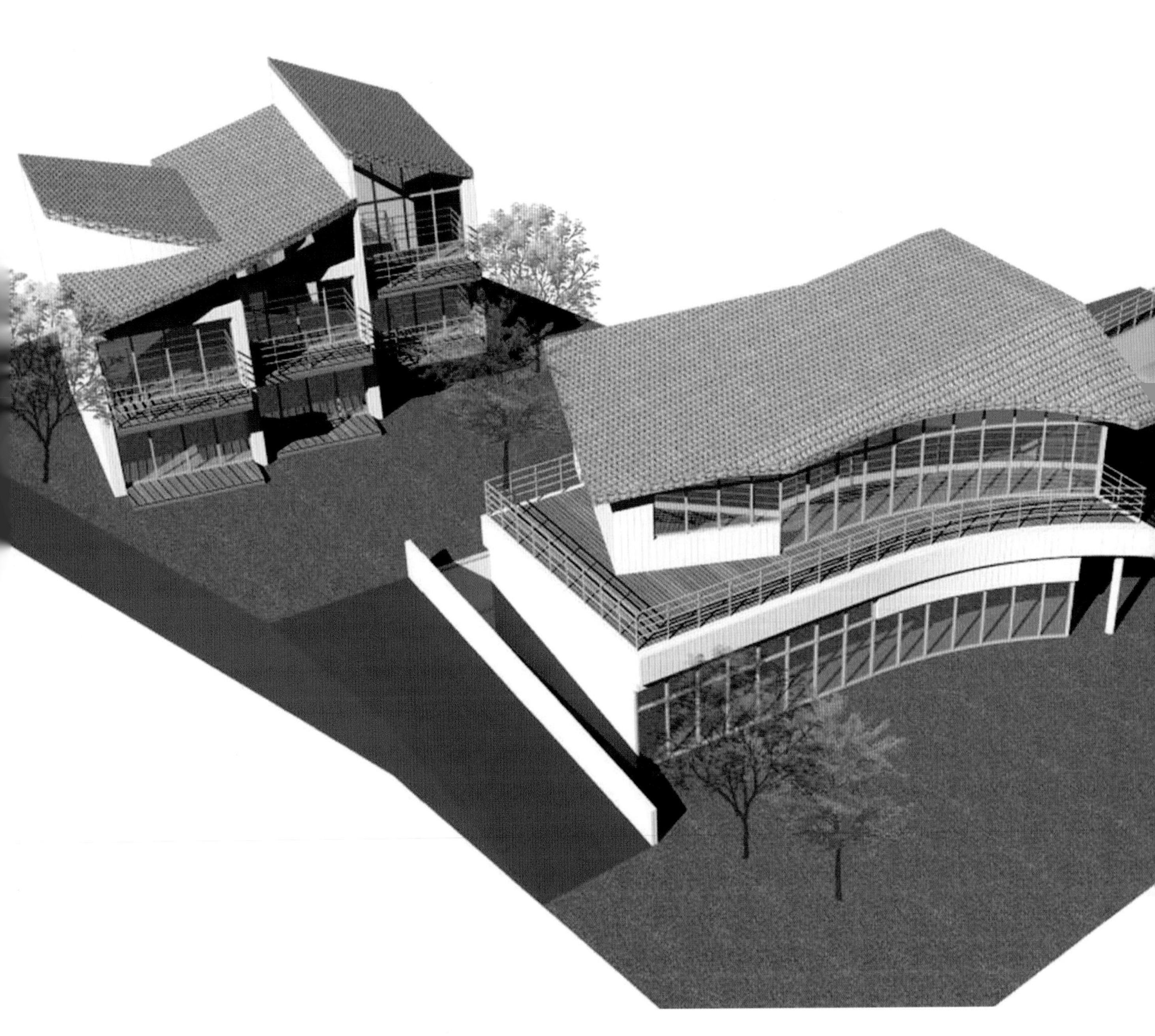

강화수련원의 부지는 바다를 조망할 수 있고 2개의 레벨로 구성되어 있다.

전면부 낮은 레벨측에 집회 및 친교를 위한 수련원을 배치되었고, 후면부 높은 레벨측에는 숙소동이 배치되었다. 대지의 축과 건물의 축을 엇갈리게 배치함과 동시에 수련원 상부층을 셋백하여 부지내 모든 방에서 바다를 향한 조망을 갖게 하였다. 전반적으로 백색의 외벽과 스패니쉬 기와로 계획하여 교인들이 쉽게 건물과 위치에 동화될 수 있도록 하였다.

기존의 상가건물에 상승하는 감각의 포물선 형태 접목

배치도 & 1층 평면도

| 설계의 기본 개요

요한서울교회 건축물은 자양동의 대로변에 위치하여 있으며 전형적인 빌딩 타입의 교회건물이다. 목회 방향에 따라 오랫동안 이 모양 저 모양으로 개조하여 사용되어 왔으나 이제는 수용인원에의 물리적 한계까지 겹치게 되어 근본적인 대책으로 증개축을 포함한 리모델링 계획을 수립하기에 이르렀다고 생각된다.

1. 이 기회에 목회 철학을 담은 그릇으로의 기능성 제고와 더불어 10년, 20년, 30년을 내다볼 수 있는, 비전을 품은 특별한 공간으로 계획하게 되었다.
2. 특별히 감성시대의 트렌드에 맞는 차별화된 색채계획으로 예산 대비 저 비용 고 효과의 공간을 창출하도록 계획하였다.
3. 필하우징 종합건설은 교회 설계 중심의 교회 공간 연구소를 별도로 운영하고 있으며 다년간 경험한 교회 리모델링 노하우를 통하여 시행착오 제로, 추가 비용 제로의 양 날개를 펼쳐 보일 예정이다.

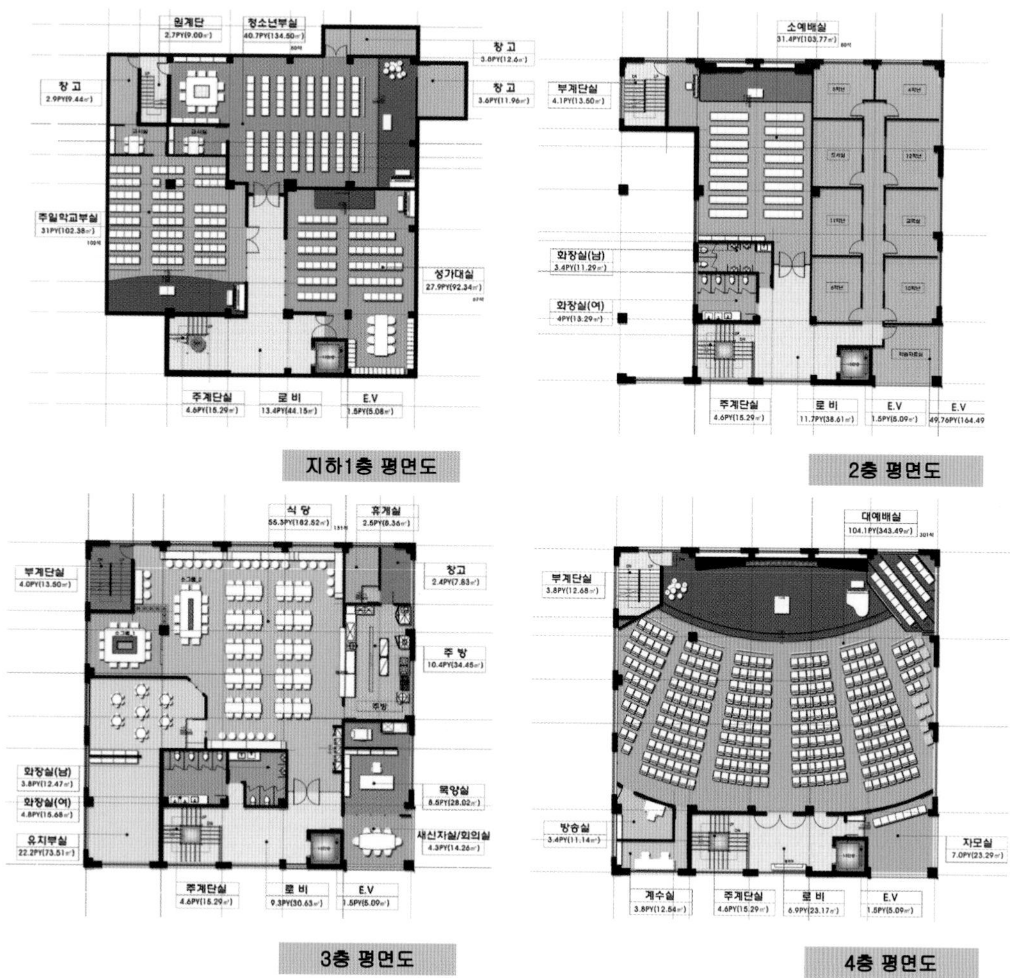

지하1층 평면도

2층 평면도

3층 평면도

4층 평면도

| 공간별 계획안

* 증축 리모델링 (내부공간)

1. 예배 공간

단독형 교회와 빌딩 교회(일명 상가교회)의 차이점은 결국 예배 공간의 천장 높이이며 집회에 방해되지 않는 시야를 확보하는데 있는 것이다. 지하에 위치한 예배 공간의 낮은 천장은 물론이고 단상을 가리고 있는 무수한 기둥들에 눌려있어 마치 카파도키아의 지하 동굴 교회를 연상케 하는 폐쇄성이 강한 예배처소이다. 무리함을 감수하고 몇 개의 기둥을 철거한다 하더라도 천장 보강보의 면적만큼 천장이 낮아지게 되어서 예배가 더욱 불가능한 것이 한계인 것이다.

결국 4층에 350명 수용이 가능한 예배 공간을 신설하는 계획을 세우게 되었다. (도면 참조)

천장높이가 자유롭고 특히 장방형태의 평면적 장점을 살려서 수평적인 예배 공간의 개념을 도입하였다. 즉, 회중석을 단상을 중심으로 부채꼴로 배치하여 집중과 확산이 전해지는 예배 공간으로 계획하였다.

2. 공용 공간

오랫동안의 공간 활용에의 고민을 여실히 보여주는 폐쇄적인 계단, 비좁은 로비(현관), 공간마다 바닥이 들쭉날쭉한 것...

엘리베이터와 더불어 각층의 로비를 통일성 있게 신설하고 중앙에 'ㅁ'자 공간이 확보된 회전 계단을 신설하여 기능성 제고와 더불어 쾌적하고 편리한 공용 공간을 계획하였다.

3. 교제 공간 / 사무 공간

사용 용도가 제일 빈번한 카페테리아를 1층 메인 공간에 배치하여 다용도 교제 공간의 활용도를 높이도록 계획하였다. 카페테리아 한 쪽 면에 놀이방을 설치하여 키즈&마미의 접근성을 충족시켰다.

4. 색채계획

예배실은 간접조명들을 이용하여 빛의 공간으로 계획하고 절제된 채도를 유지하도록 하였으며 교제 공간, 공용 공간은 비교적 중고채도의 색조를 통하여 조화조를 계획할 것이며 어린이 공간은 파스텔 색조로 계획하여 사용 공간의 용도에 맞는 배색을 연출하였다.

기존의 상가건물에 상승하는 감각의 포물선 형태 접목

* 외관 리모델링 (익스테리어)

1. 불규칙이 난무하는 상가건물의 외관에서 수직 수평의 공통적 개념을 추출하여 디자인 통일작업을 계획 하였으며 도시적 건물의 한계인 모듈형태의 지붕 부분에 컬러 알루미늄 강판을 이용하여 상승하는 감각의 포물선 형태를 계획하였다.
2. 마감재계획
   기본 바탕 마감재는 연회색을 띄는 포천석으로 계획하고 창호의 양 측면은 진회색 느낌의 고흥석으로 조화조 배색을, 블루 창호의 틀에는 노란색의 'ㄱ'자 몰딩 재료를 사용하여 마감재의 색채계획을 극대화 하였다.
3. 1층 전면과 후면 캐노피 주차공간에는 잔디블럭을 통하여 녹지개념의 데크공간을 조성 하였으며 자전거 주차 뿐 아니라 환경 친화적인 데크공간으로도 활용할 수 있도록 계획하였다.

요한서울교회 전경

리모델링의 합리성

한정된 국토에 개발 붐도 한계에 도달하여 사회 전반에 걸쳐 리모델링의 추이가 늘어나는 전망이다. 신축에 비해 다음 사항의 이점이 있다.

Before

*시간과 예산에서 경제적이다.
구조 검토에 의하여 기존 구조체 및 각종 설비를 활용하는 것을 원칙으로 하므로 많은 예산과 시간을 줄일 수 있다.
(신축시의 25-5-% 예산)

* 공사를 예산에 맞출 수 있다.
예산에 맞추어 단순한 마감공사, 내부 리모델링, 내외·부 리모델링 등으로 구분하는 방법과 1차 공사로 예배실, 2차 공사로 부속실 등 공사 범위를 층별로 구분하는 방법이 가능하다.

*합하여 선을 이루다.
전 교인이 토요일 오후에 예배실을 정리하고 작업등 아래서 주일예배를 드릴 때 초대교회의 애착심이 생기고 현장에 대한 어려움을 이해하게 되는 등 바람직한 공동체적 유대감을 형성하게 된다.

천산중앙교회 세월의 켜를 벗겨내는 디자인 통합작업

지역 교회가 성장해나가면서 주변의 노후한 건물을 조금씩 매입하여 부속 공간으로 사용하는 경우가 많다. 그러나 기존 교회 건물과의 이질감 때문에 어색한 경우가 많다. 이런 경우 같은 물성의 재질을 연계하여 위화감을 극복할 수 있다.

천산중앙교회 전경

Before

뾰족 종탑, 본 건물의 현대화, 올망졸망한 부속 거물, 풀어야 할 난제가 많았다. 징크 패널의 물성과 겨자색 모듈 창호 등의 동질성으로 통합 작업을 이루었다.

지역사회에 피어나는 상징성

신촌교회 전경

교회 뒷편의 독립된 종탑공간에 계단을 설치하고 전면에 십자가를 신설하였다.피어나는 십자가의 상징성을 통하여 재개발되는 지역의 미래지향적 이미지를 담아냈다.

Before

노출콘크리트의 눈물
간단한 작업인 빗물끊기 공정을 생략하면 외장벽에 침투되는 빗물을 통하여 벽체전면에 일그러진 현상을 나타낸다.

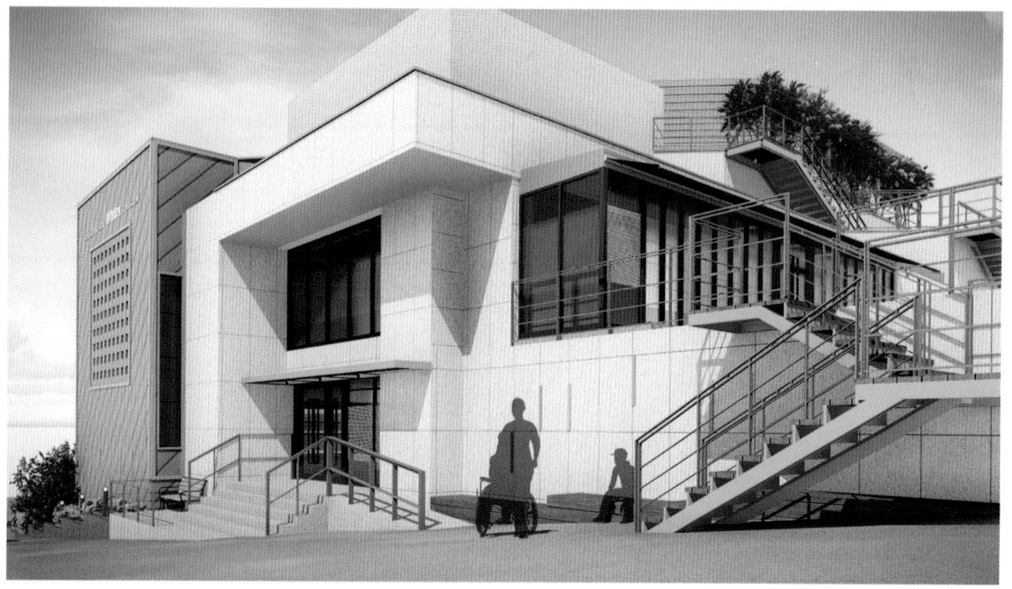

1F(부속공간)과 2F 예배당 외부계단

50년 전통의 검붉은 벽돌, 아치개념을 뛰어넘다

노유자를 위한 승강시설은 고령화시대로 진입하면서 필수적인 시설이 되었다.
도로와의 협소한 경계선, 건축법규의 틈새를 넘어서서 외부에 엘리베이터를 신설하였다.
건축법규에서도 기존집회시설에 승강기설치는 노인복지차원에서 예외규정을 도입하야 할 때이다.

구월동교회 전경

Before

2017년리모델링부문 최우수상 기념패

주차장게이트

동네 주민과 아침저녁 마주치는 마을 어귀 주차게이트에
"오늘도 힘내세요."란 한마디의 인사말이 정겹게 느껴진다.

산업의 산실, 공장건물의 대변신

Before

천산중앙교회 교육관 전경

Front

Left

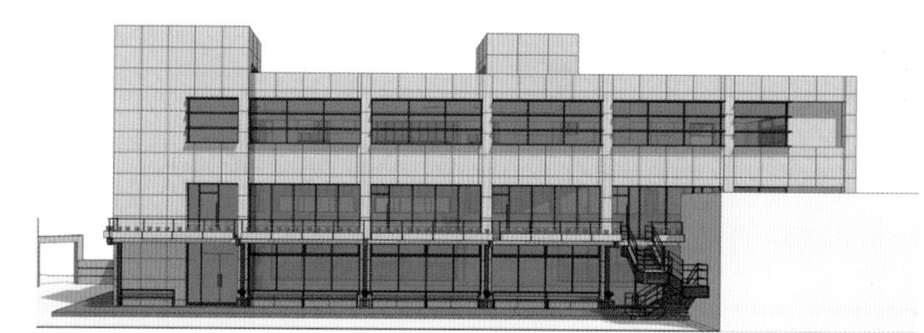

Right

위험하기 짝이 없는 외부의 노출계단을 철거하고 내부에 우물 정(井)형태의 열린 계단을 설치하고 글라스월을 계획하는 등의 대수선으로 새로운 문화, 교제 공간으로 태어나게 되었다. 외부 파사드의 무표정한 웜그레이와 선홍의 강조색은 채도대비의 진수를 보여준다.

단독주택에 생명나무의 감성을 불어넣다

열린교회 전경

*1층 야외데크와 북 카페를 마을 주민에게 문화, 예술공간으로 개방하고 2층은 선교사를 위한 게스트룸으로 원룸, 투룸 등으로 준비되어 있다.
*예배실은 지하에 구분하여 배치하였으며 자모실 뒤편의 낮은 공간에 영유아를 위한 토끼굴 형태의 놀이공간을 꾸몄다.
*외부 진입로 코너에 모듈 형태의 계단 조형을 설치하고 상부에 생명나무를 상징하는 오너먼트를 계획하여 새 생명에의 회귀를 상징하였다.

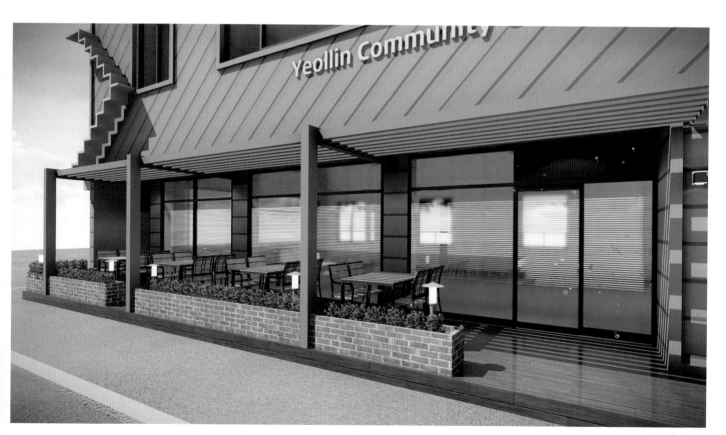

외부데크

본당건물과 교육관이 연결되는 열린계단

서대문교회 예배당 입구

*교육관 입구에 설치된 어린이동산의 다양한 놀이기구들의 교육관 내부의 이미지를 연상시키는 윈도우의 역할을 감당한다.

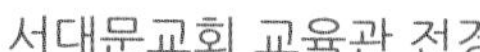

서대문교회 교육관 전경

*어린이 공간을 온통 원색의 빨주노초 무지개 색소로 범람하게 되면 원색에 노출되어 정서적으로 안정성을 찾지 못하게 된다.

*가능하면 밝은 파스텔톤으로, 그리고 동색 또는 이웃 색으로 제한하면 심신에 안정을 가져오게 된다.

1층 게이트 / 6층 옥상 정원

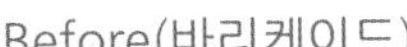

Before(바리케이드)

로고스교회 지하 게이트

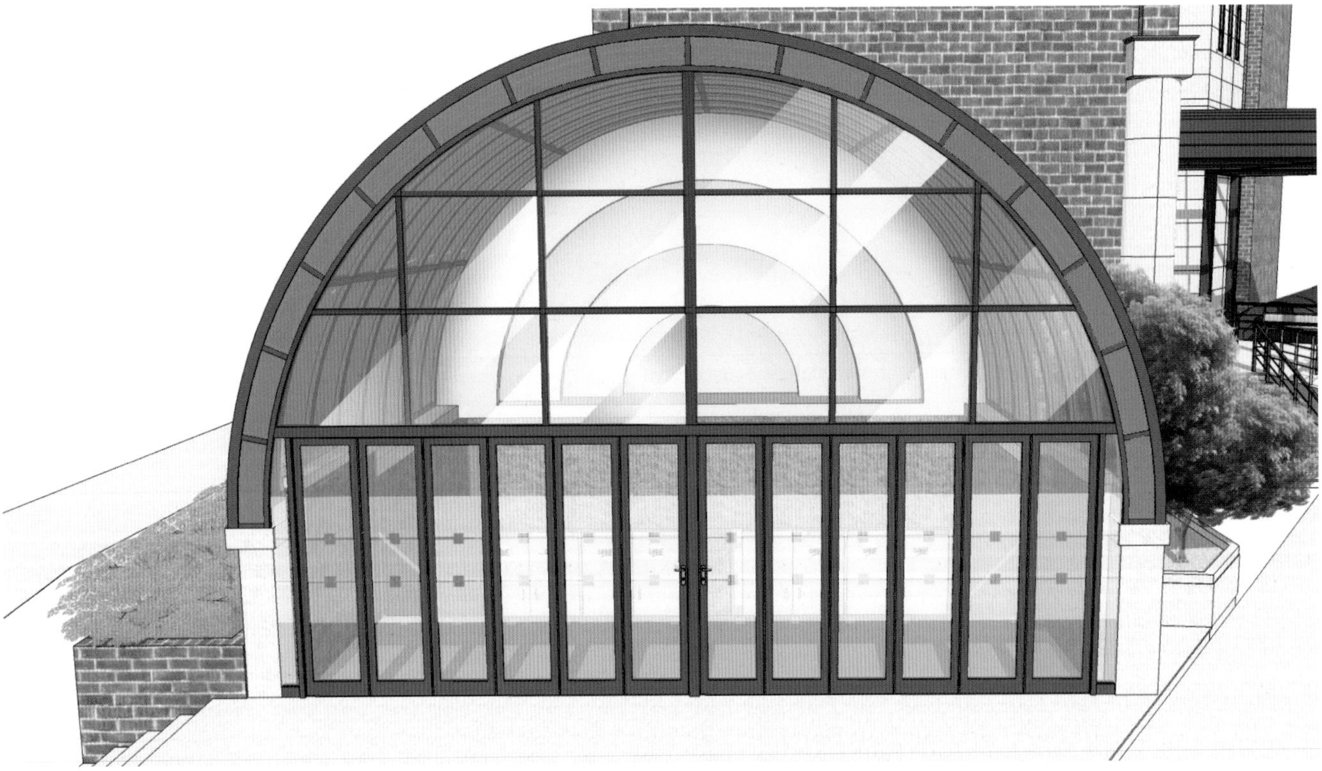

전에는 지하 2층 본당에 내려가는 외부의 메인 출입구가 평일에는 **바리케이드**로 차단되어 있었다. 폐쇄적인 이미지가 강하여 폴딩도어를 이용하여 **오프닝 게이트**로 접근하였다.

6F 옥상 정원

로고스교회 6층 외관

예배실 / INTERIOR 4

■ 해외편 / 국내편

카우니에덴교회 순수한 백색의 미학과 자연광의 풍요로움

크리스찬 굴리그센

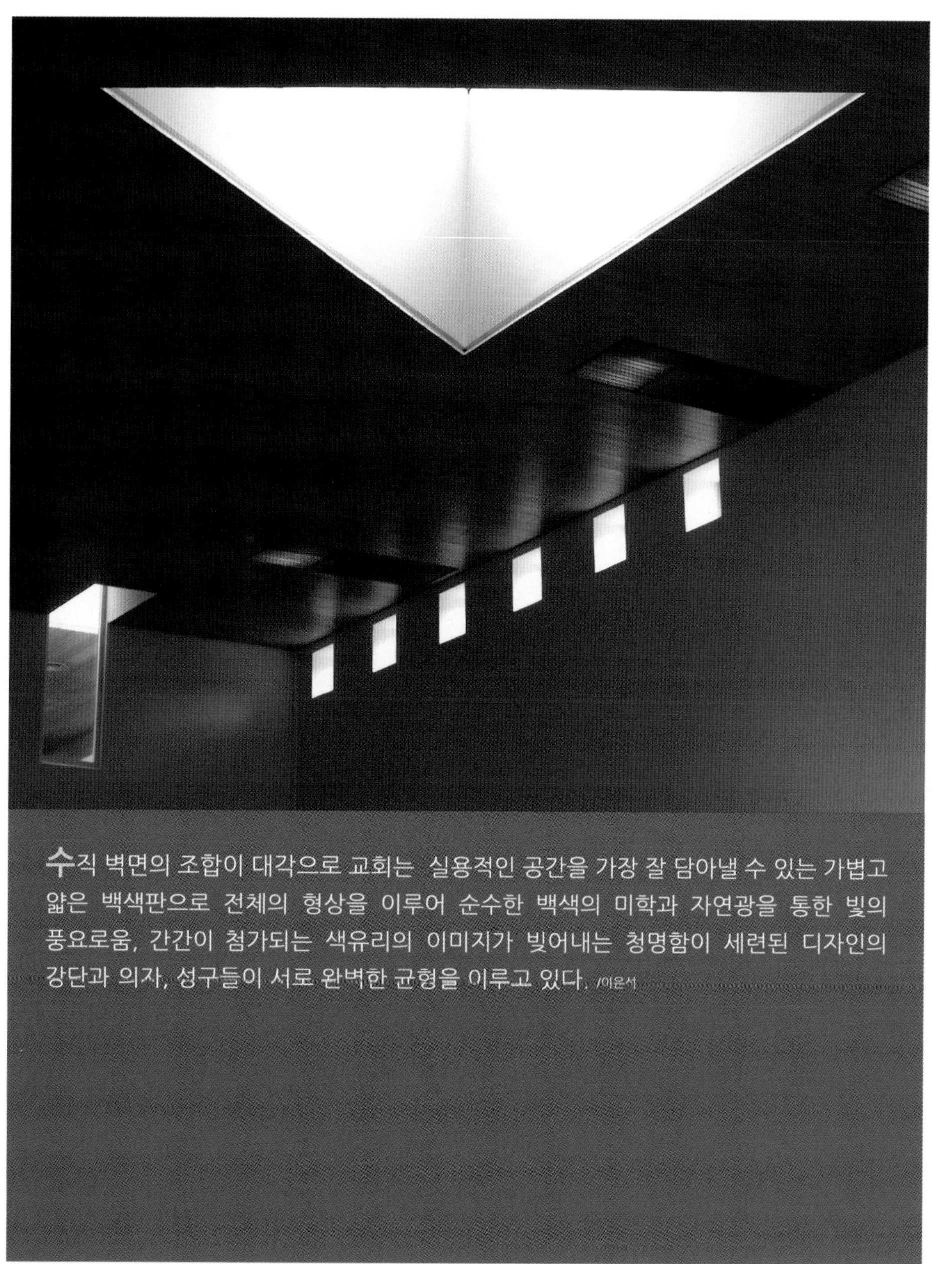

수직 벽면의 조합이 대각으로 교회는 실용적인 공간을 가장 잘 담아낼 수 있는 가볍고 얇은 백색판으로 전체의 형상을 이루어 순수한 백색의 미학과 자연광을 통한 빛의 풍요로움, 간간이 첨가되는 색유리의 이미지가 빛어내는 청명함이 세련된 디자인의 강단과 의자, 성구들이 서로 완벽한 균형을 이루고 있다. /이은서

마르마키교회 인성을 순백으로 물들게 하는 어프와이트 / OFFWHITE

유바 레비스카

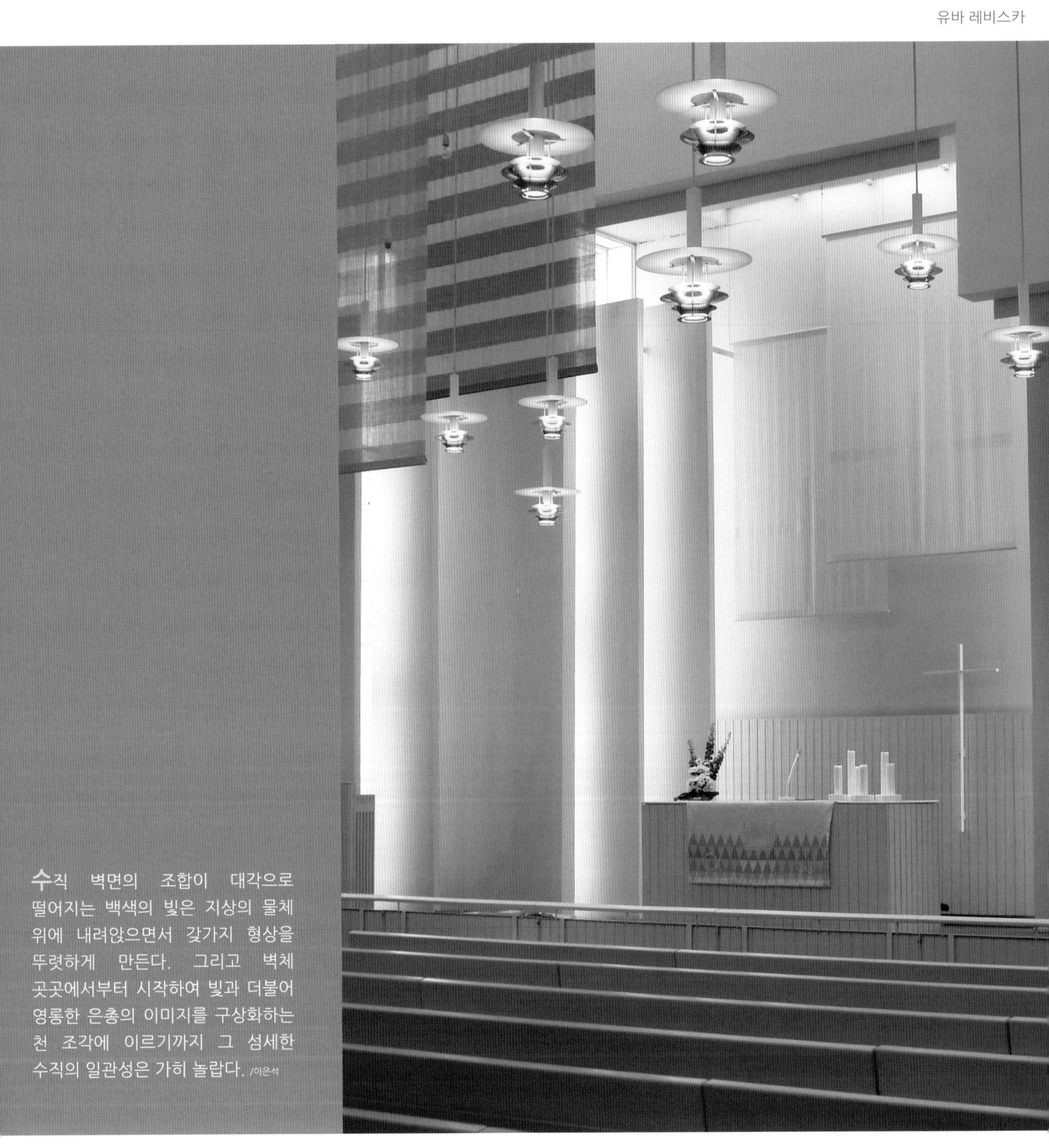

수직 벽면의 조합이 대각으로 떨어지는 백색의 빛은 지상의 물체 위에 내려앉으면서 갖가지 형상을 뚜렷하게 만든다. 그리고 벽체 곳곳에서부터 시작하여 빛과 더불어 영롱한 은총의 이미지를 구상화하는 천 조각에 이르기까지 그 섬세한 수직의 일관성은 가히 놀랍다. /이은석

이마트라교회 자연과 조화롭게 기능하다.

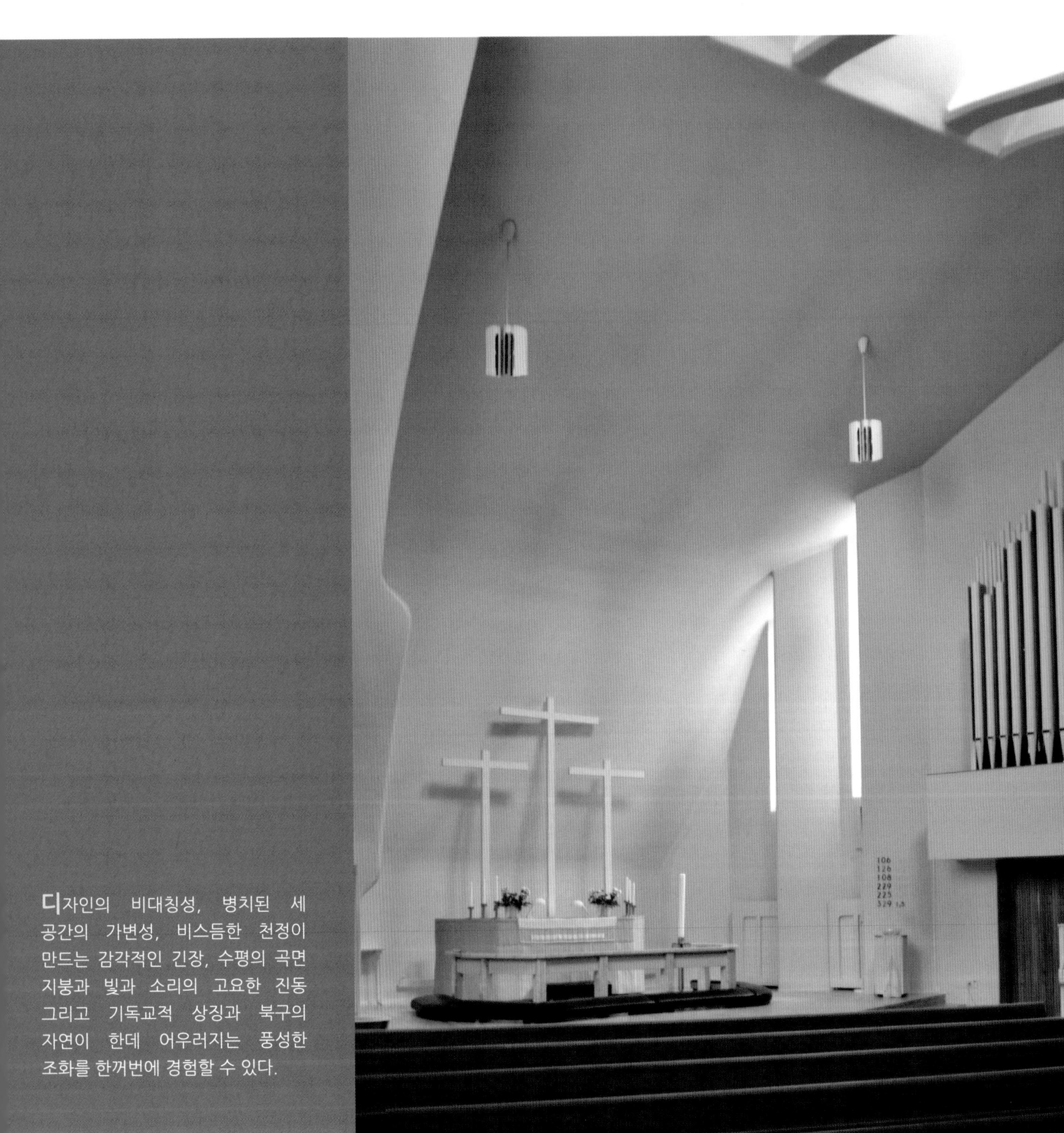

디자인의 비대칭성, 병치된 세 공간의 가변성, 비스듬한 천정이 만드는 감각적인 긴장, 수평의 곡면 지붕과 빛과 소리의 고요한 진동 그리고 기독교적 상징과 북구의 자연이 한데 어우러지는 풍성한 조화를 한꺼번에 경험할 수 있다.

예배실은 안으로 잘 닫힌 느낌이나 경사진 천정의 창들을 통해 아침에는 강단의 세 십자가와 뒷벽 곡면으로 자연광이 흘러내리고 오후에는 외부의 하늘과 나뭇가지들을 바라볼 수 있다.

4 WORSHIP HALL

히빙카교회 하늘을 향해 솟아 오르다

아르노 루스부오리

예배실 내부는 단순한 삼각형이 주는 수직적 경건성과 회중석과 강단에서 펼쳐지는 단순한 수평성의 조화는 마치 하나님과 인간과의 관계를 추상적으로 보여주는 듯하다.

/이은석

서로 높이가 다른 삼각형 지붕의 틈 사이로 햇빛이 비취며, 때론 하늘의 전경도 예배실 내부에서 보이게 되어있다. 또한 삼각형의 예배실을 만들고 남은 공간에 부속시설과 교육 시설을 배치해 두었다.

빛에 의해 구현되는 거룩함

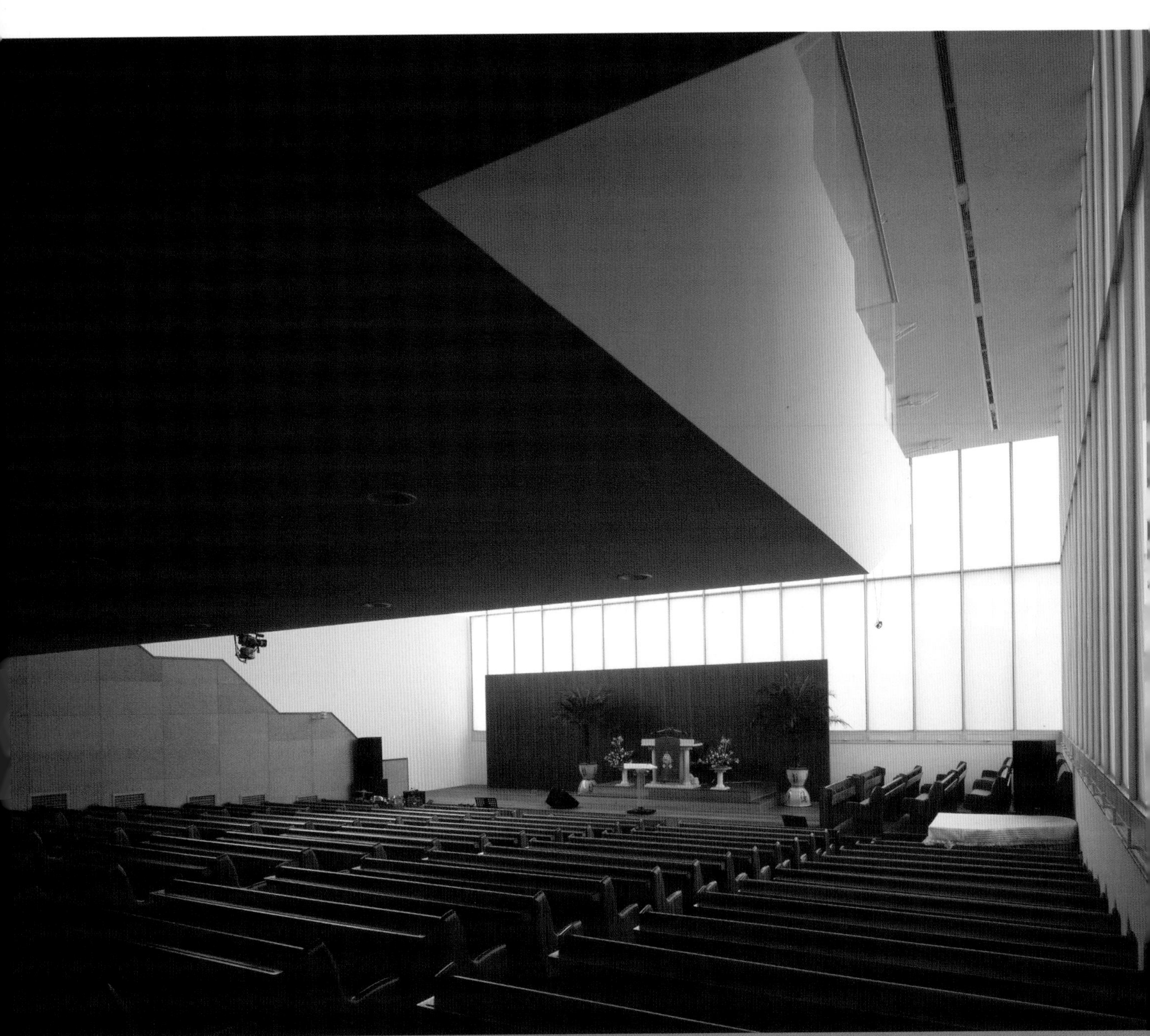

상기둥 양쪽으로 반투명 유리를 이중으로 두어 본당 내부와 외부에서 지붕을 받치는 구조가 느껴지지 않는다. 빛의 벽은 밀리언 캡에 의해 날카롭게 분할되면서 공간의 스케일과 비례를 생성한다. 샌드블라스트 유리에 의해 뽀얗게 추상화된 빛의 벽은 신의 임재와 말씀으로 다가온다. 공간 안에 배치된 부유하는 발코니와 최소화된 건축적 장치들 그리고 그 안에서 예배드리는 성도들은 다만, 빛 아래 놓여 있을 뿐이다.

거룩함은 성상에 의해서도 아니고, 귀한 재료에 의해서도 아니며, 빛에 의해 구현된다.

단상으로의 집중성 제고를 위한 다양한 시도

로고스교회 본당 투시도

2500석이 넘는 회중석에서 단상으로의 시선이 제약받는 사공간을 최소화하기 위하여
① 수평 구조보의 보강을 통하여 중앙의 기둥을 최소화하였다.
② 중층의 회중석을 양측 벽면까지 확장하여 오페라 좌의 형태를 계획하였다.
③ 회중석 면적의 70%를 슬로프(경사도)로 처리하여 회중석에서의 가시선을 확보하였다.

간접조명 벽체틀

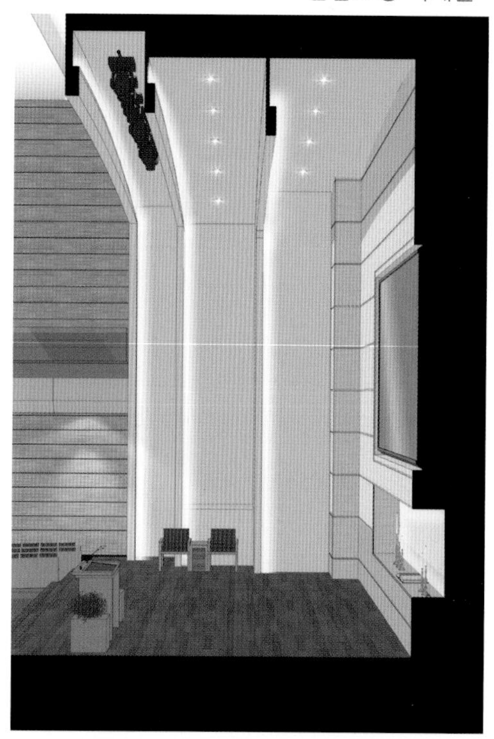

단상에 2중, 3중의 간접조명 벽체틀을 통하여 미세 조화조의 빛 공간을 형성하였다.
우측에 LED 조명으로 크로스 이미지의 벽체를 계획하여 절기마다 의미가 연상되는 색상(Hue)을 연출하도록 하였다.

범어교회의 내부 공간설계는 실내건축의 설계에 있어서 '장식의 개념'을 탈피하는 것이 그 주요 목표가 되었다. 우리나라 현대 건축의 경향에서는 자주 외관 설계와 별개의 작업으로 진행되는 부가 인테리어 설계의 방법이 흔하게 적용된다. 이는 대체로 비용의 증가와 불필요한 장식물에 의한 변형된 향상을 양산하는 시스템이다.

범어교회의 경우, 그 형태와 재료에 있어서 외부와 일관되는 디자인의 연속성을 지니고 있다. 이러한 자세는 건축을 경제적으로 진행하게 할 뿐 아니라 내·외부가 일관된 미학적 개념으로 유지됨에 따라서 그 결과물이 심플하고 세련되게 마무리된다.

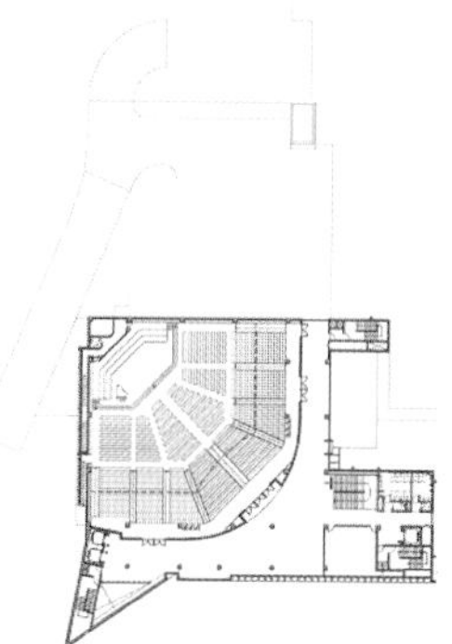

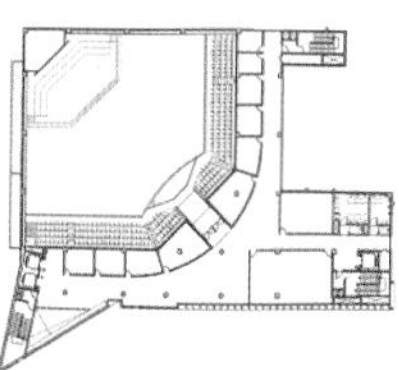

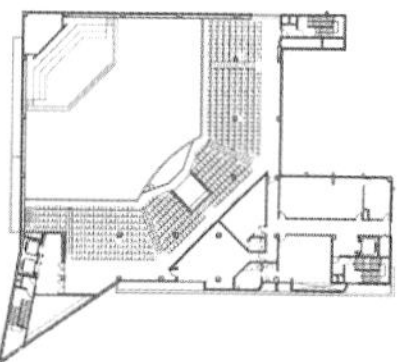

한성교회 단상에서 회중석으로의 확산과 집중성 제고

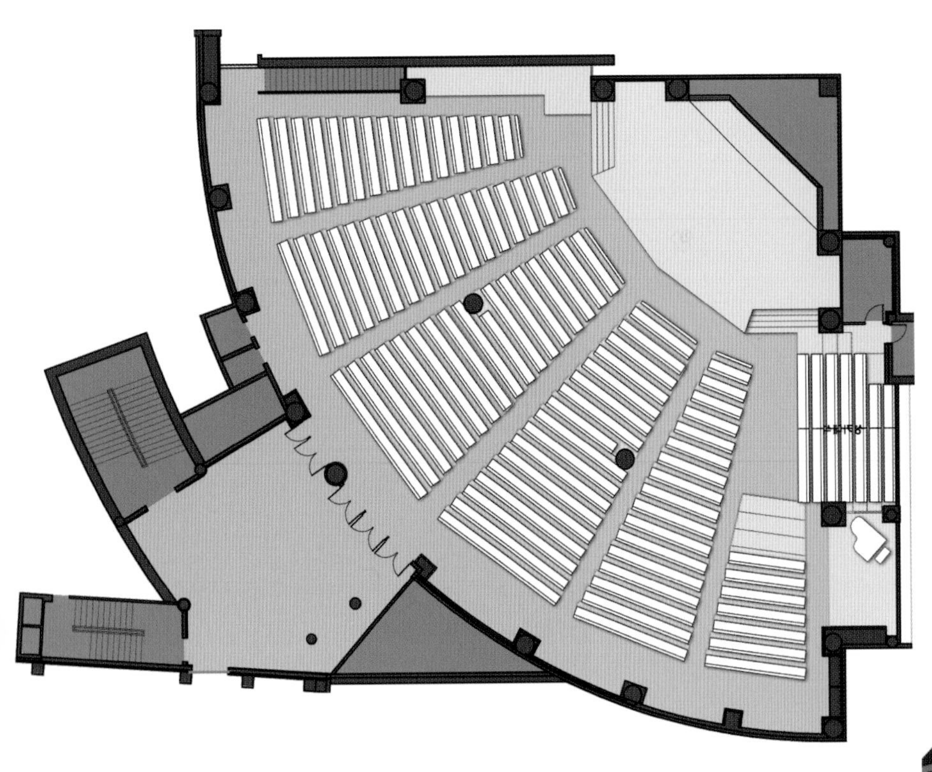

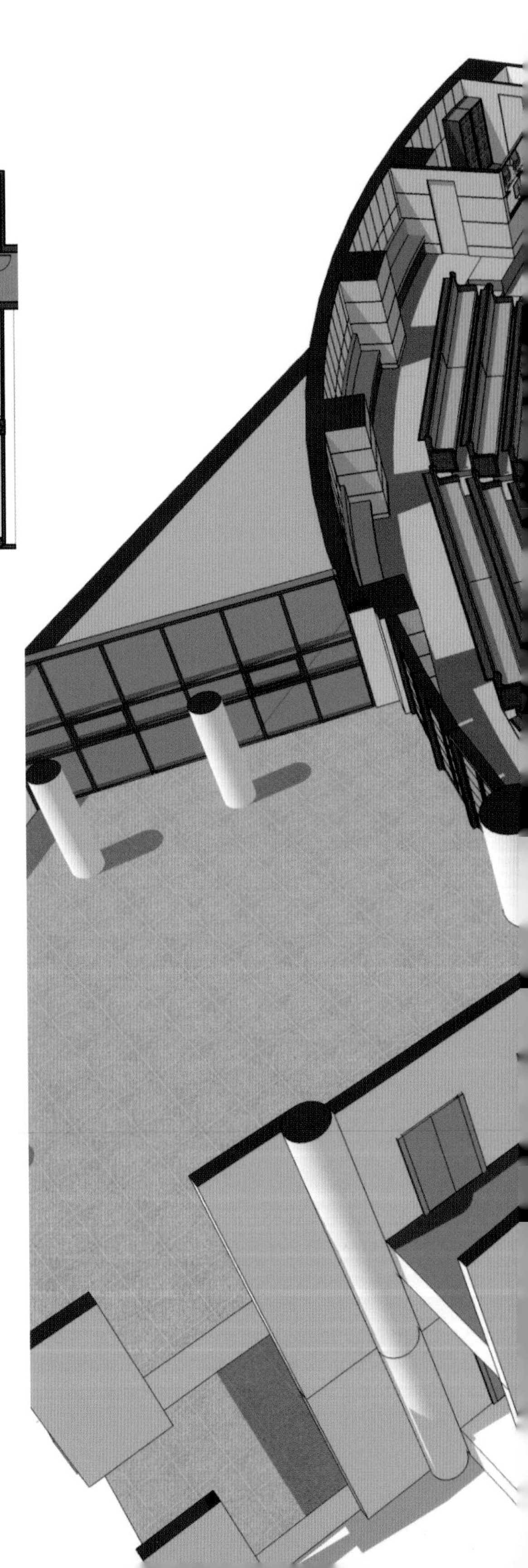

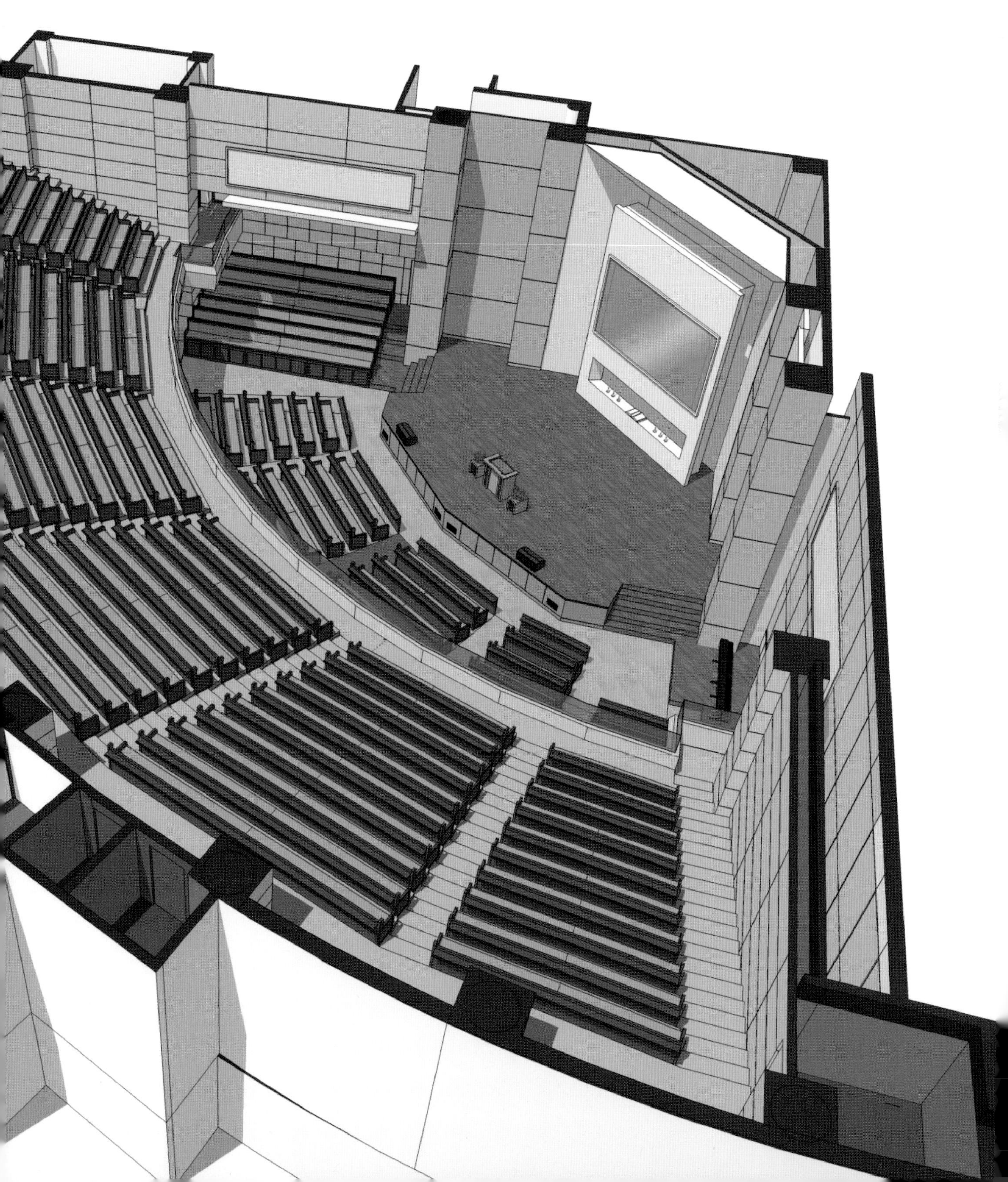

단상에서 회중석으로의 확산과 집중성 제고

한성교회 본당 투시도

기독교 정신은 미래를 향해 도전하고 창조해 나가는것

다용도 채플홀

The Beck Group

12월 20일 온누리교회와 연합해서 준비한 프로그램이 있습니다. 일종의 CEO 포럼인데, 사회의 지도층 CEO들을 초청하여 그들을 훈련하여 세상을 바꾸고자 하는 취지입니다. 교회 탁월한 시설을 십분 활용하여 전국 최초로 시작할 예정입니다.
한 번은 패티김을 초청하여 찬양 공연을 한 적이 있습니다. 지역주민들에게 문화콘텐츠를 제공하면서 전도의 기회로 삼고자 하는 취지였는데, 놀라운 결실을 맺기도 했습니다.

중3층까지 오페라 하우스의 개념으로...

세계비전교회 본당 투시도

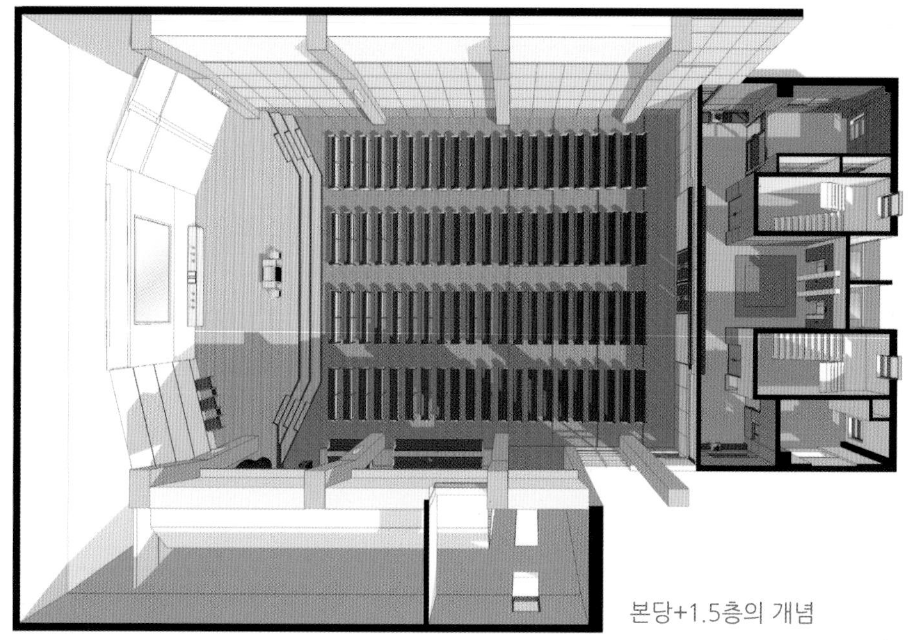

본당+1.5층의 개념

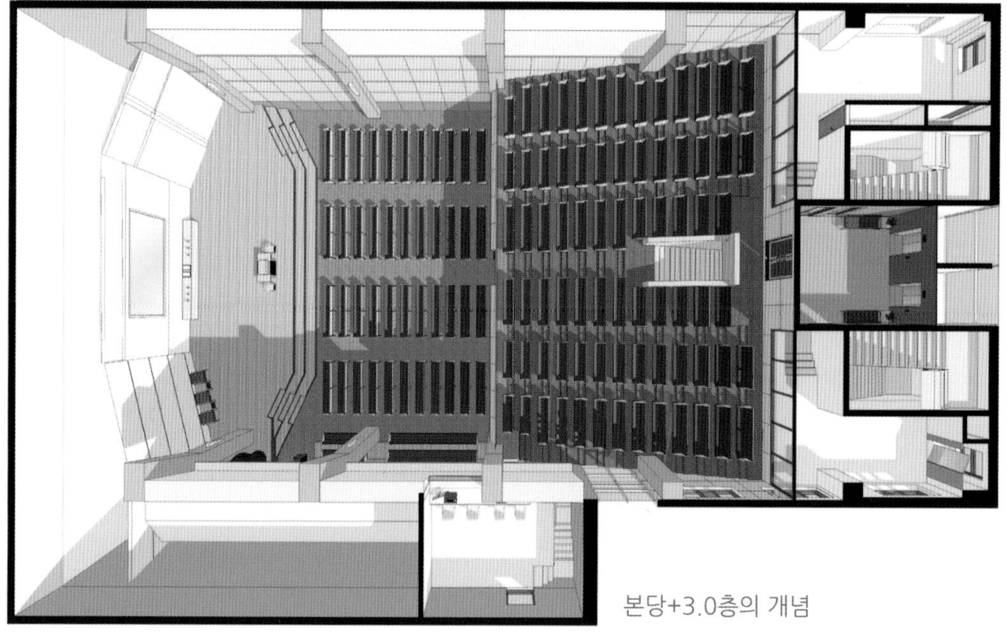

본당+3.0층의 개념

서광교회 성가대석의 돌출된 코아가 울림통의 분위기를 연출

서광교회 본당 투시도

밝은 오크패널과 이에 어울리는 다갈색 메지 및 쪽마루 패턴은 natural color의 편안함과 정갈함을 동시에 만족시키고 있다. 여기에 오렌지 레드의 회중석 시트가 신선한 자극을 준다. 성가대석의 돌출된 코아가 울림통의 분위기를 연출하고 있다.

집회 중심의 회중석 배치 vs 리셉션 테이블 배치

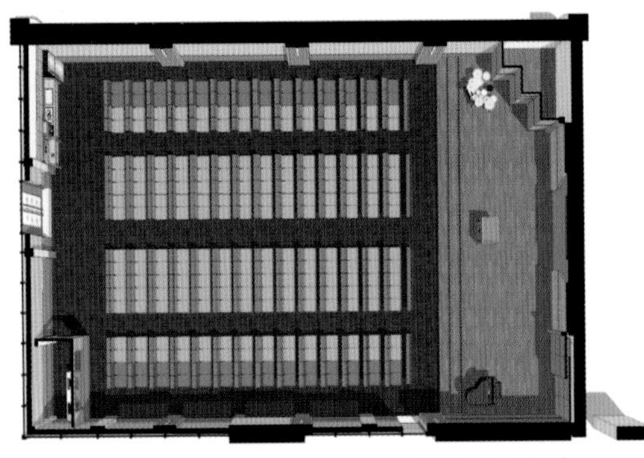
회중석 배치

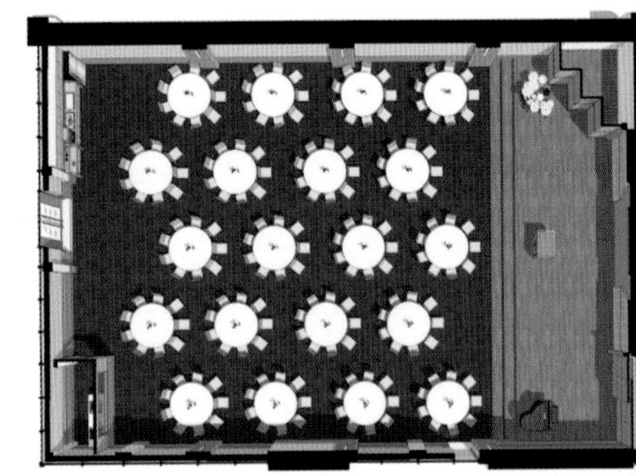
리셉션 테이블 배치

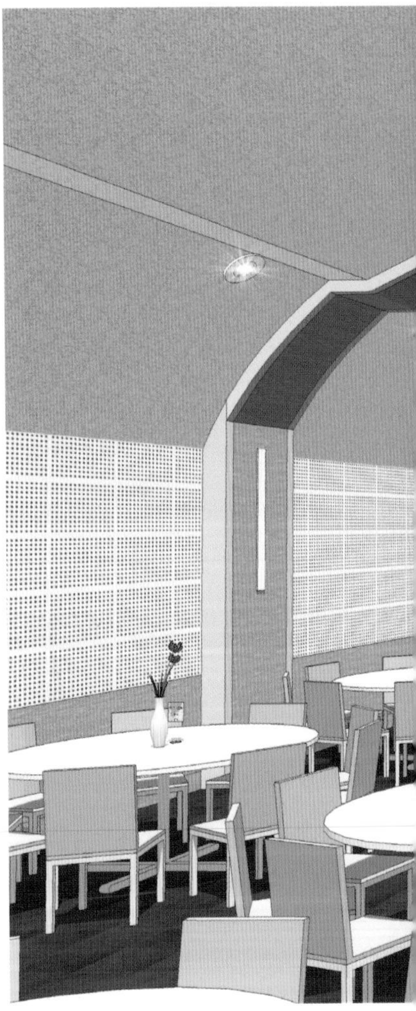

로고스교회 옥상(6F)에는 새로 신설한 다목적홀(Blue Square)이 있다.
주로 대학, 청년부 집회 시설로 사용되며 문화행사 및 예식장으로도 다양하게 이용되고 있다.
대학, 청년부는 예배시간 1시간에, 워크샵이 1~2시간이다. 좌석 배치를 테이블을 중심으로 8~10인석으로 배치하며 다과를 겸한 나눔을 가능하게 하였다.

다과를 위한 바텐 공간

로고스교회 다목적홀 투시도

모세골교회 하늘에서 들어오는 빛

서인건축 / 최동규

경치가 너무 좋은 이곳에 예배당에서는 오히려 사방을 벽으로 막아버리고 십자가 있는 쪽의 상부에서만 빛이 들어오고 또 좌측 벽의 하부에서만 빛이 들어오도록 하였다. 하늘에서 들어오는 빛은 깨끗한 빛이요, 좌측 벽 하부 창을 통하여 들어오는 빛은 연못을 반사하고 들어오는 빛이라 물에 씻겨 들어오는 빛으로 생각했다. 천정에 흔히 달리는 전등은 일체 없애고 강대 쪽과 마주 보이는 벽 뒤에 설치하여 그 빛이 천정을 반사하여 들어오는 빛으로 필요 조도를 해결하고 천정 상단에 흡음판을 설치하여 소리의 울림을 해결하였다.

경건성에 대한 회귀를 기대하며...

Before

수표교교회 예배실 투시도

근래 교회가 열린 느낌을 넘어서서 캐주얼해지고 있다는 우려도 없지 않다. 경건성에 대한 회귀를 기대하며 바로크식의 전통문양을 가미하여 Semi-Classic 분위기를 계획하였다.

별도의 조명플랜(배선과 디머장치)을 통하여 일상적 예배와 구분되 새벽예배-새벽기도의 분위기를 구분하도록 계획하였다.

미니멀 디자인을 통한 도시적 선교교회

신수선교교회 예배실 단면도

신수선교교회 예배실 투시도

젊은이들을 향한 선교교회답게 모든 장식적인 요소를 배제하고 미니멀 디자인을 추구하였다.
단상 우측의 일대일 분반실 벽체까지도 유리벽체에 반투명 에칭 시트를 부착하여 선명하고 정갈하게 처리하였다.

채플홀 입구

채플홀 입구에 블루 계통의 백페인팅 글라스월을 설치하여
대학생 선교회의 심벌 및 로고 SIGN 실드판으로 활용하였다.

포스트모던적 조형 스테인드글라스

오크밸리교회 본당

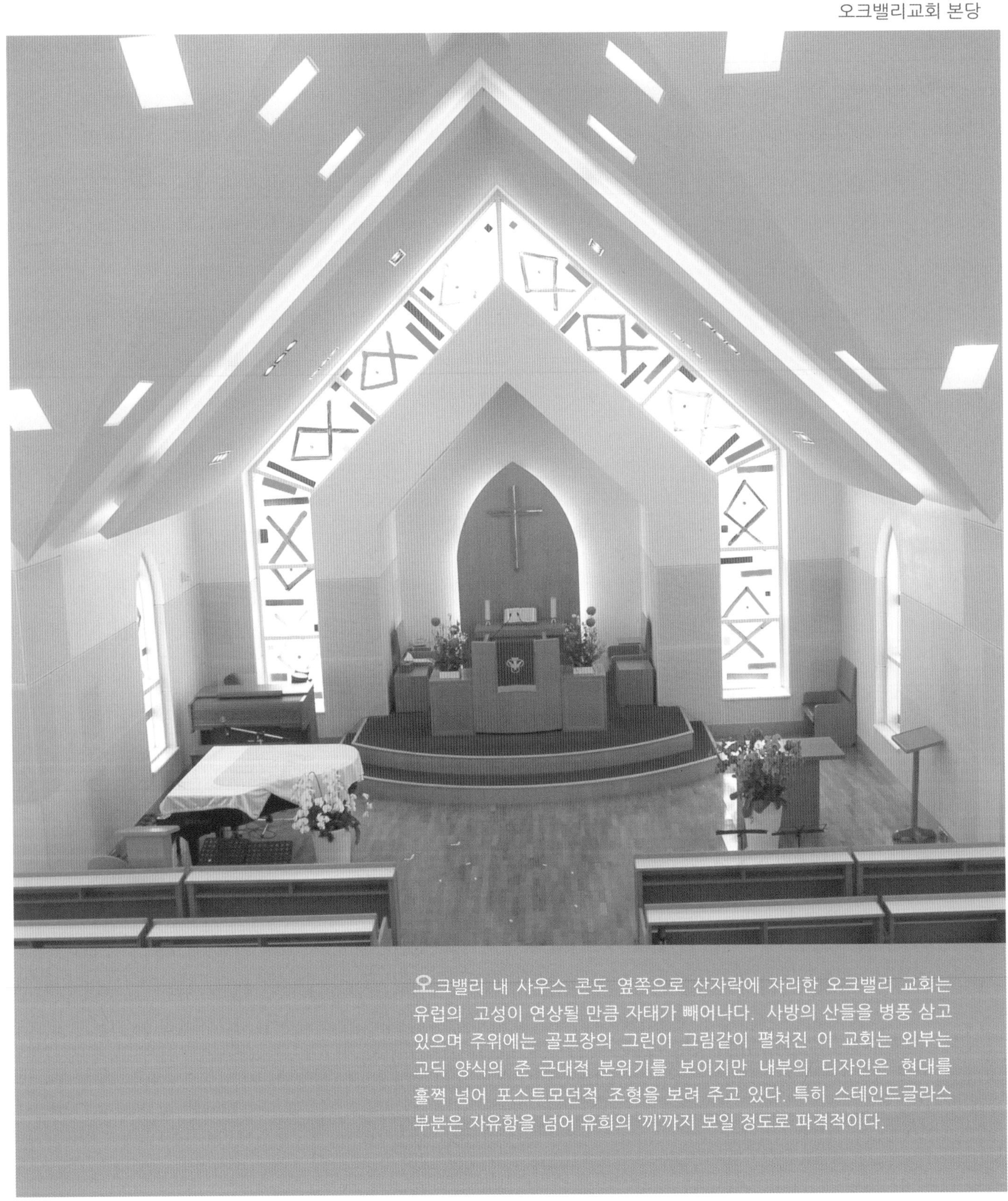

오크밸리 내 사우스 콘도 옆쪽으로 산자락에 자리한 오크밸리 교회는 유럽의 고성이 연상될 만큼 자태가 빼어나다. 사방의 산들을 병풍 삼고 있으며 주위에는 골프장의 그린이 그림같이 펼쳐진 이 교회는 외부는 고딕 양식의 준 근대적 분위기를 보이지만 내부의 디자인은 현대를 훌쩍 넘어 포스트모던적 조형을 보려 주고 있다. 특히 스테인드글라스 부분은 자유함을 넘어 유희의 '끼'까지 보일 정도로 파격적이다.

아담이 원초적 본능으로 그렸음직한 그런 순전함이 표현되고 있는 '걸어 다니는 해 " 하늘의 다리" 나뭇가지 사슴뿔' 등은 작품의 제목에서 알 수 있듯이 노은님 작가의 그림은 장난기가 가득하다. 그러나 조금만 더 들여다보면 가슴 한편이 찡해진다. 먹고살기 위해 34년 전 간호보건원으로 독일로 건너갔던 노은님은 붓 하나로 국제적으로 유명한 화가가 됐으며, 함부르크 국립 조형예술대학교수가 됐다.

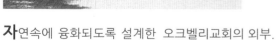

자연속에 융화되도록 설계한 오크벨리교회의 외부.

노은님

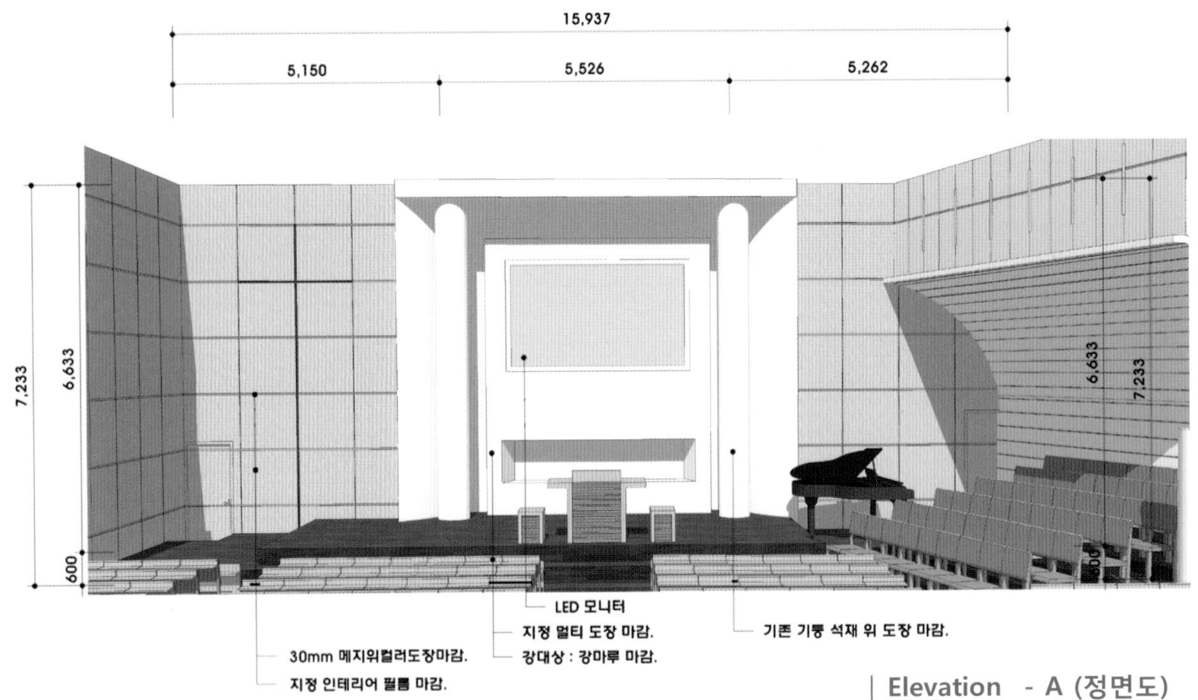

| Elevation - A (정면도)

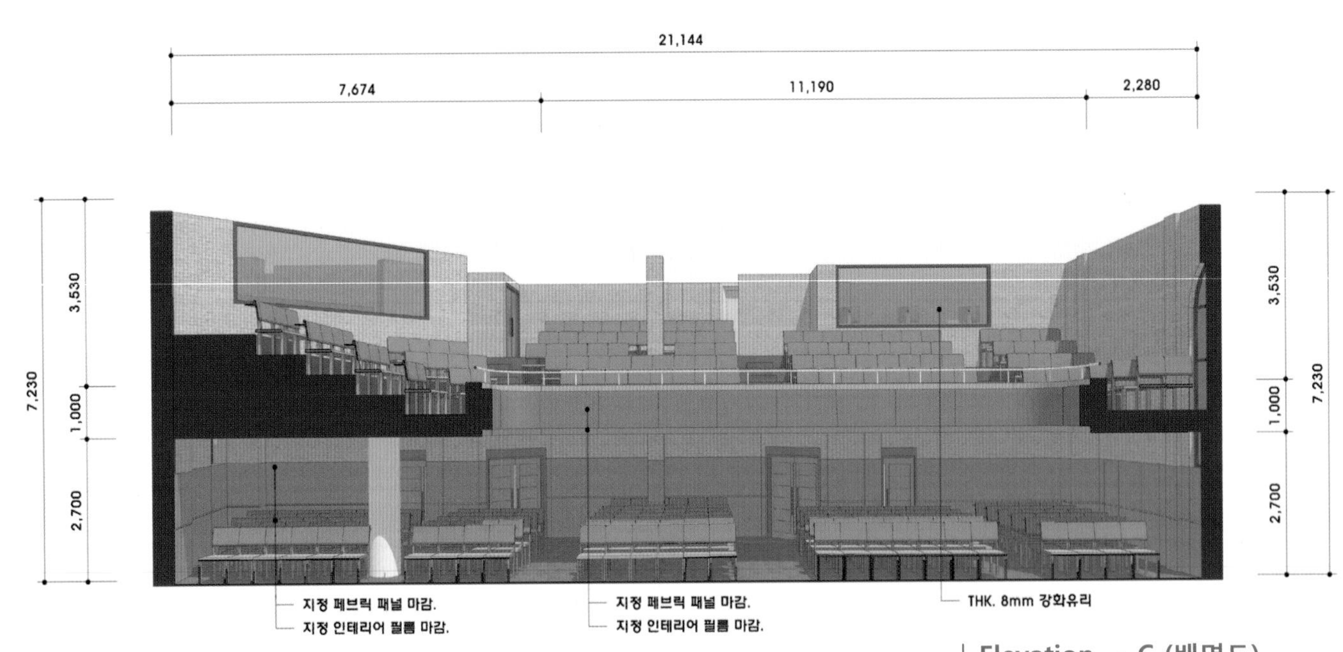

| Elevation - C (배면도)

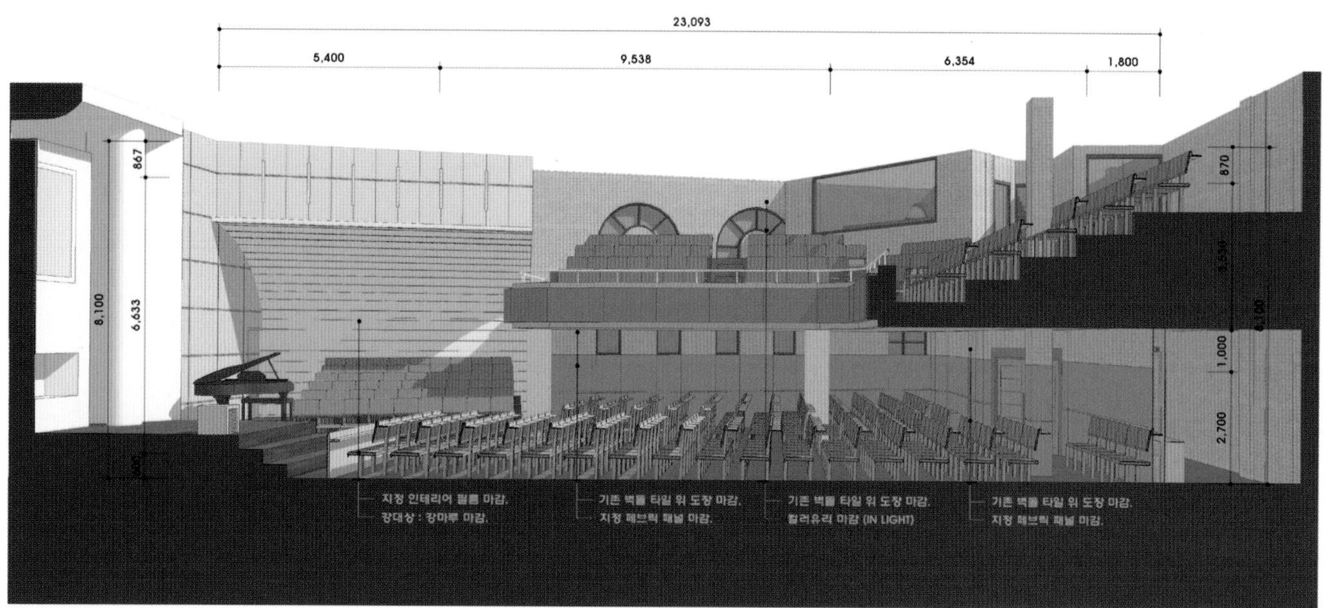

| Elevation - B (우측면도)

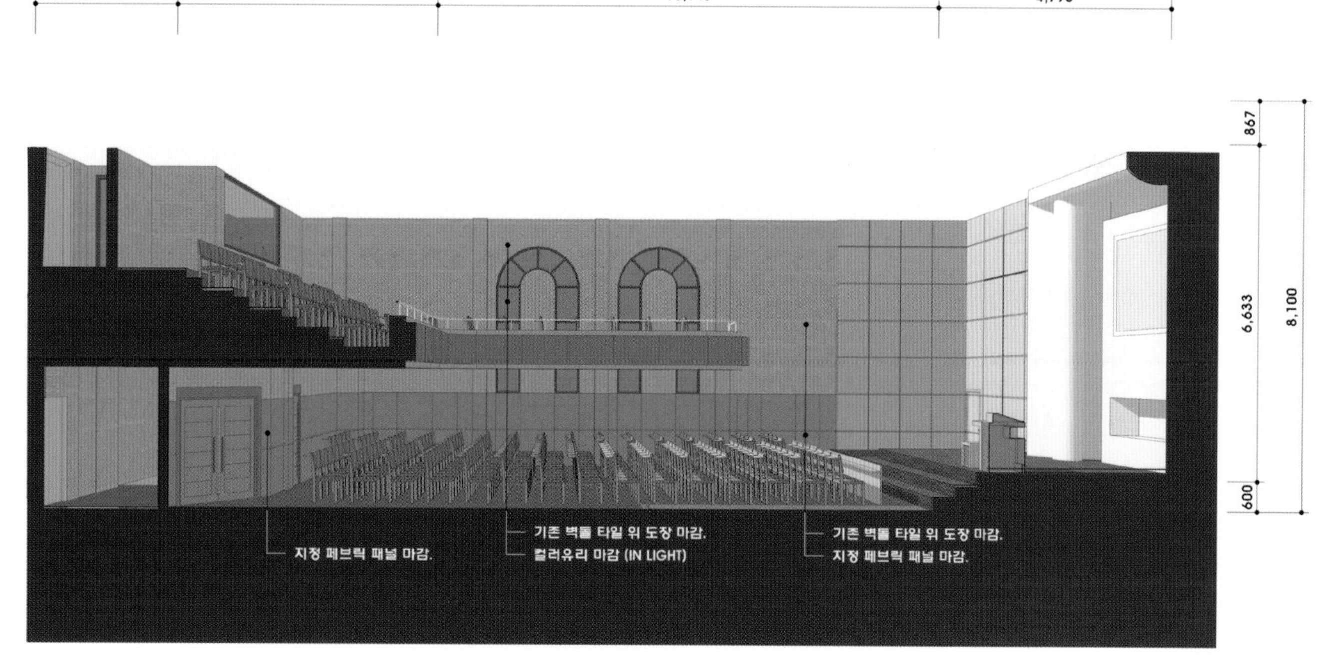

| Elevation - D (좌측면도)

자연채광대신 월워시를 통한 마일드한 빛의 공간

Before

개명교회 본당 투시도

기존 양측의 창호를 통하여 들어오는 채광에서는 집회에의 집중성이 저하될 수 밖에 없다. 커튼을 장착하여도 산만하기는 매일반이다. 성가대석도 역광을 받게되면 성가대원의 형체가 어둡게 느껴진다.

예배당 게이트

예배당의 게이트에 좁다란 쪽창을 계획하면 수시로 문을 여닫아서 예배에 집중도를 떨어뜨리는 상황을 줄일 수 있다.

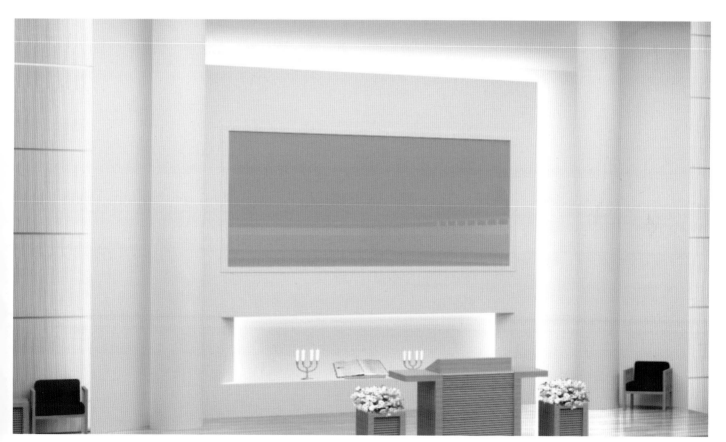

단상 벽체

미세조화조에 의한 빛의 공간

점층법에 의한 조명 벽체 계획으로 명상적인 분위기를 계획하였다.
강조조처럼 자극적이지 않아서 시선이 오래 머물수 있다.

50년 전통 검은 적벽돌 벽체의 새로운 변신

Before

희성교회 본당

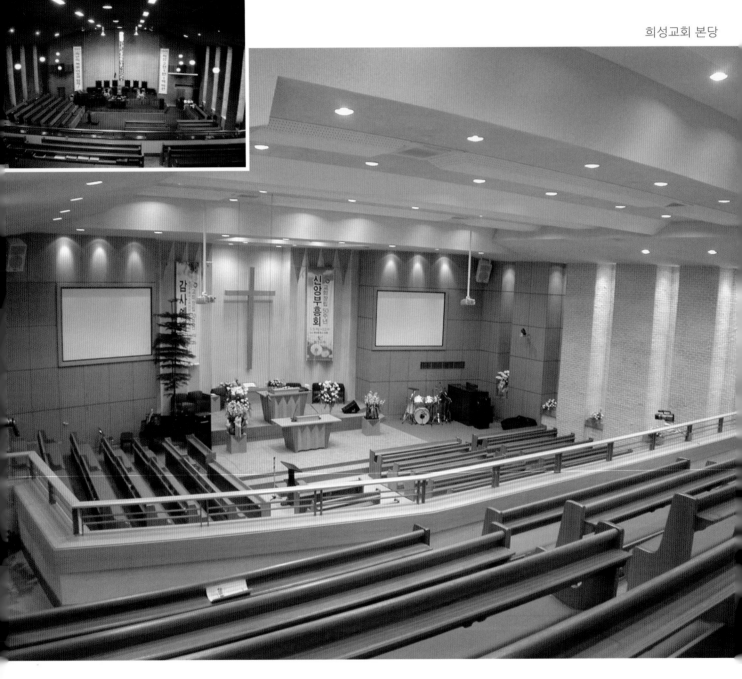

점잖고 권위적인 분위기에서 검정 안료를 빼내는 작업을 통하여 밝고 따뜻한 표정이 드러나기 시작한다.
검붉은 벽돌 벽체도 멀티 스프레이 도장을 통하여 파스텔 내장벽돌로 리뉴잉 되었으며 법정에서 재판관이 좌정했을법한 단상의 경직된 의자를 교체하고 회중석의 쇠락해 보이는 의자도 리폼의 대상이 되었다.

본당 벽체

멀티 스프레이 도장 벽체

본당 벽체(Before)

신사동교회 본당

Before

"주일 예배시간에 회중들이 제발 제게 집중할 수 있으면 좋겠습니다." 담임 목사님의 하소연이었다.
단상 조명에도 불구하고 나무색의 벽체가 짙은 얼굴빛과 비슷하고 또한 온갖 성구들이 단상을 점유하고 있어서 설교자의 위치까지 구분이 되지 않는 것이었다.

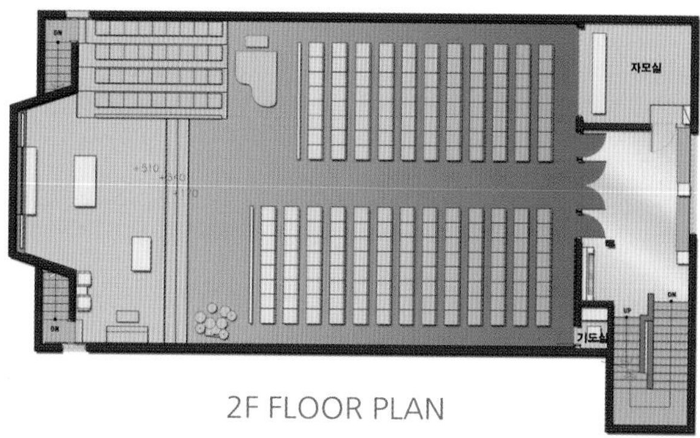

2F FLOOR PLAN

*간접조명틀에 의한 미세 조화조의 단상 벽체
*겨자색 흡음 패브릭과 그 벽체를 밝혀주는 월워시 조명 / 따뜻한 다갈레드 시트 / 단상의 비움 등을 통하여 스마트하고 집중력 있는 공간으로 변모하였다.

부속공간 / ASSORT AREA 5

- 공용공간 / LOBBY, HALL WAY, STAIRS
- 친교 문화공간 / DINNING HALL & CAFE
- 어린이 공간 / KIDS CAFE & REST ROOM

LOBBY, HALL WAY, STAIRS

로비는 집회 전후 기능 뿐 아니라, 집회 준비, 대기 및 교제 공간으로 평면계획에서 중요한 비중을 차지한다.
로비 면적은 예배실 바닥면적의 15~20% 정도로 계획하는 것이 이상적이다. 예배실 출입구가 계단으로 바로 이어지는 경우는 아 래층에 넓은 홀을 계획하는 것이 좋다. 진입부로서의 넓고 쾌적 한 현관로비는 들어오는 모든 이에게 마음의 여유를 갖게 하는 중요한 요소이다.

로고스교회 본당 로비 전경

순복음교회 로비

기존의 작은 로비공간으로는 예배 후 동시에 양측 계단에서 몰려나오는 인원을 수용하기에 역부족하여 벽체를 철거하고 로비공간을 확보하여 넓어진 공간에 기존 화강석 바닥 일부를 걷어내고 중앙에 인조석 패턴깔기를 하여 삼삼오오 대화할 수 있는 공간으로 구분하였다.

로비 라운지

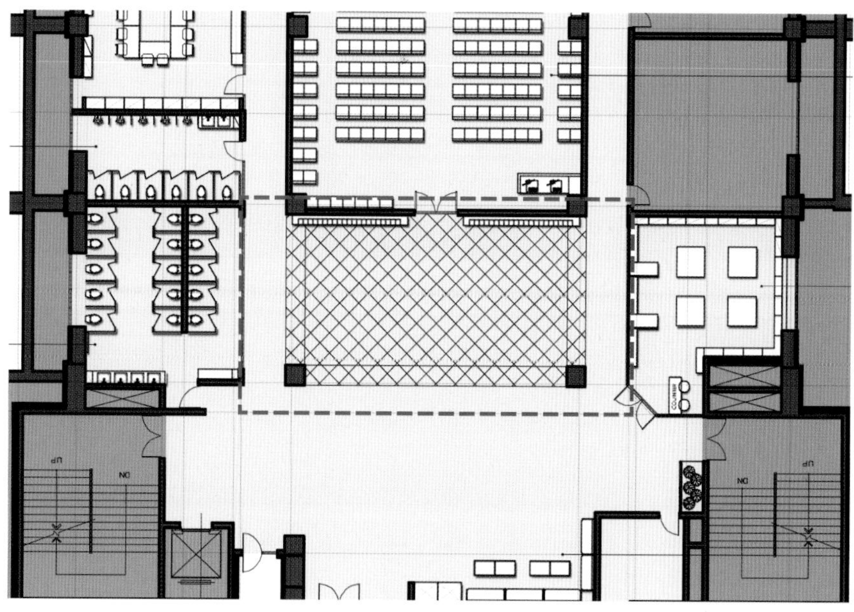

로비 확장 부분

수원 온누리교회 계단실

도, 미, 솔, 도 무채색 일색의 무표정한 공간의 부분 부분에 색상 포인트를 주고 층마다 차별화된 계층 색상으로 계획하여 감성공간으로 특화 시켰다.

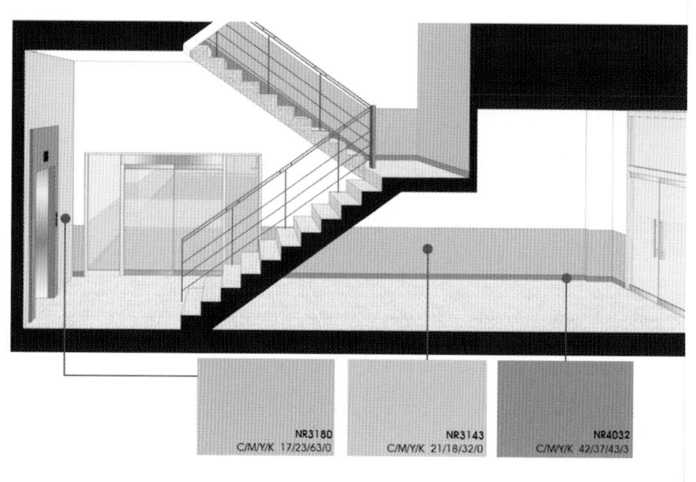
NR3180
C/M/Y/K 17/23/63/0
NR3143
C/M/Y/K 21/18/32/0
NR4032
C/M/Y/K 42/37/43/3

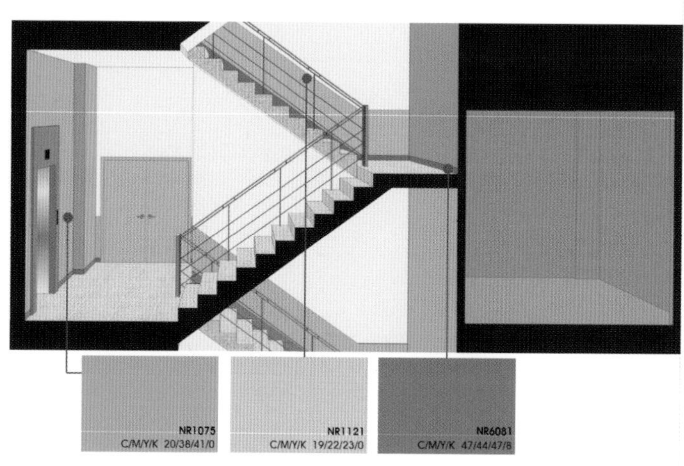
NR1075
C/M/Y/K 20/38/41/0
NR1121
C/M/Y/K 19/22/23/0
NR6081
C/M/Y/K 47/44/47/8

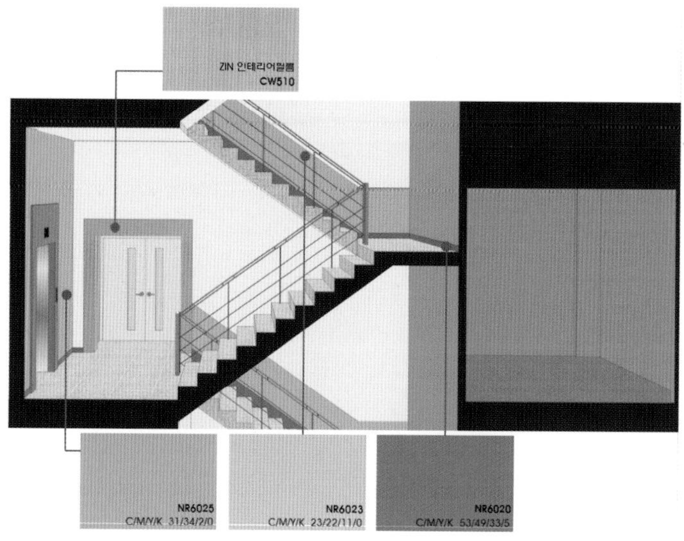
ZIN 인테리어필름
CW510
NR6025
C/M/Y/K 31/34/2/0
NR6023
C/M/Y/K 23/22/11/0
NR6020
C/M/Y/K 53/49/33/5

수원 온누리교회 로비

천장이 낮아서 공용공간, 로비공간으로 서는 한계적인 상황이었다. 보를 피하여 단천정으로 높여주고 블루시한 색상 배색으로 실제보다 높아 보이도록 디자인하였다.

수원 온누리교회 로비

LOBBY, HALL WAY, STAIRS

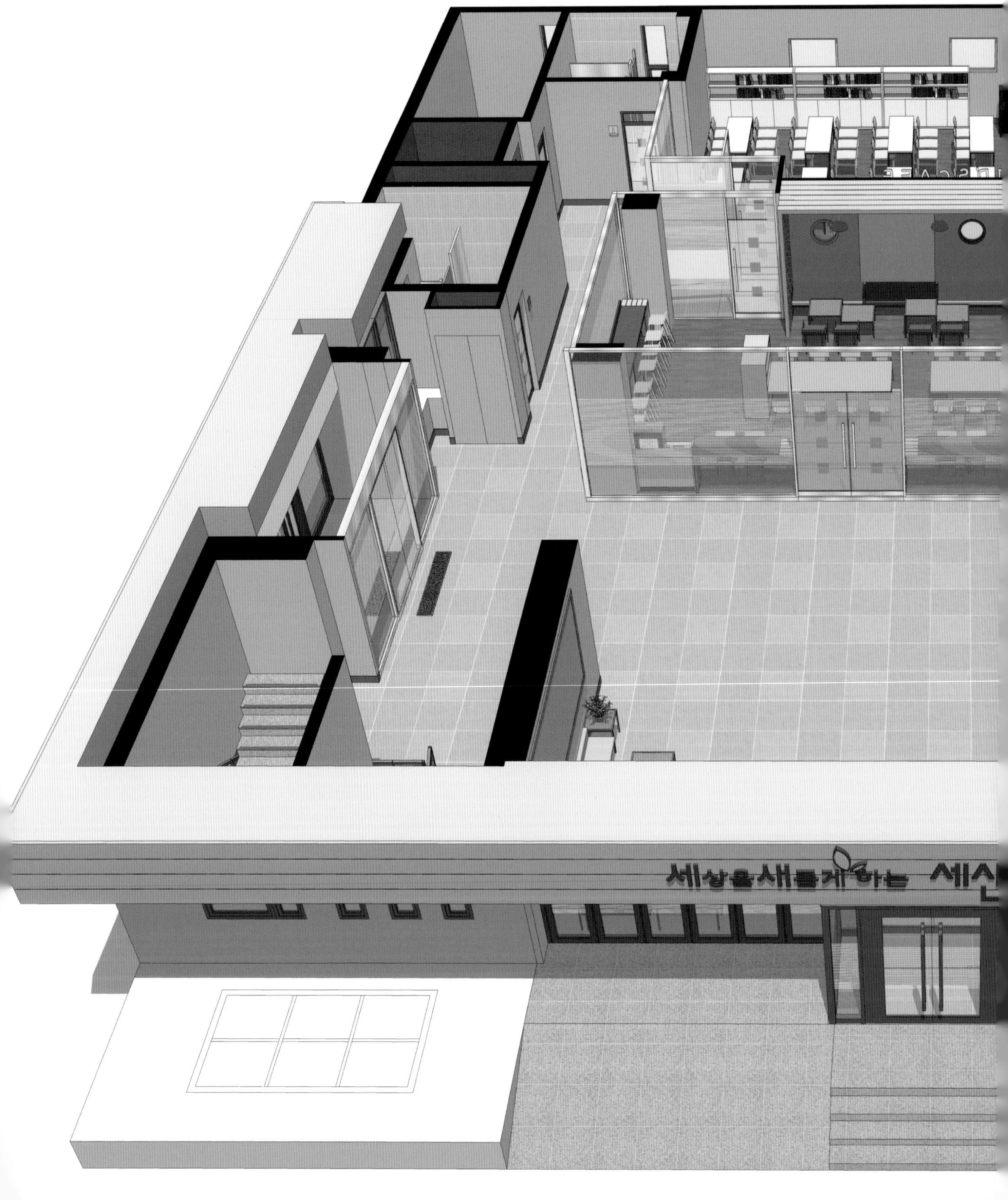

세신교회 1F 로비

LOBBY, HALL WAY, STAIRS

BEFORE

옥인교회 복도

옥인교회의 경우 젊은이들에게 세상의 쾌적한 공간 못지않은 최상의 장소를 제공한 교회로 손꼽힌다. 그래서 리모델링 공사에서 복도의 한쪽 벽을 완전히 허물어 유리 벽 공간을 확보했다. 색채계획은 보색에 가까운 강조 색상(노랑/ 파랑)을 사용해 진취적이고 실험적인 공간성을 지향했다. 이때 명도나 채도의 동질성을 위하여 흰색을 공히 혼색하는 것이 필수이다.

천산중앙교회 복도

"노크가 필요없는 기도부스"

하나님과 조용한 대면을 원하는 이들을 위한 원목 기도부스. 부스 모서리 유리문 실루엣을 통해 노크 하지 않아도 안을 확인할 수 있다.

DINNING HALL & CAFE

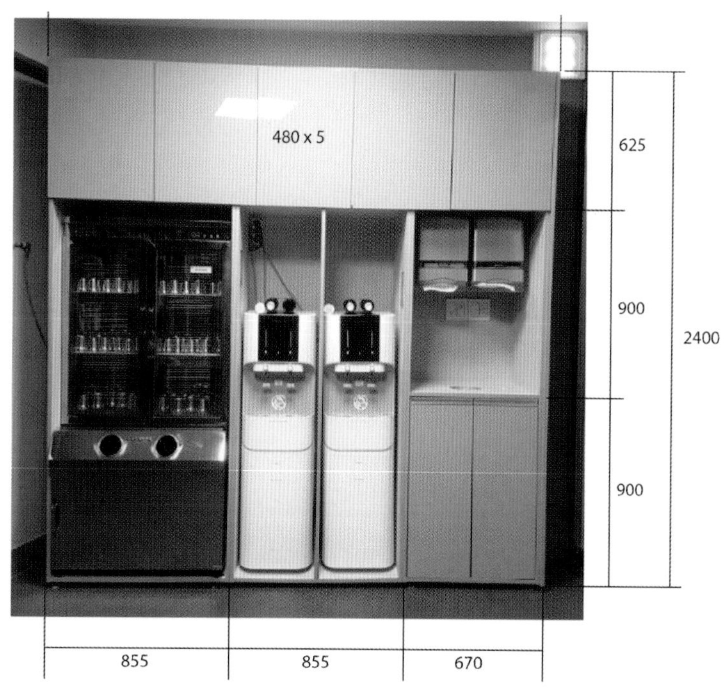
480 x 5
625
900
900
2400
855
855
670

Keith Brook Coffee

온누리선교센터 바리스타 카운터

주일의 같은 시간대에 집중되는 카페테리아 공간의 한계를 극복하기 위하여 서서 차를 마실 수 있는 스탠딩 테이블을 계획하였다. 이동 동선과 구분되도록 복도 사이에 설치하고 윗부분은 스틸 체인 가리개를 장착하여 홀과 복도를 자연스럽게 구분하였다.

불광 제자교회 식당

배식대의 슬라이딩 창을 닫으면 오크 패널 벽체가 형성되어 각종 리셉션이나 세미나 장소로도 이용될 수 있다. 식사 공간 옆에 노란 팡파르 기둥을 사이에 두고 창밖의 전경을 관망하며 차를 마실 수 있는 별도의 아담한 공간이 있다. 교회 공간을 아름답게 꾸미는 이러한 일들은 예산 문제 이전에 정성과 관심이 문제다.

로고스교회 카페

근래에는 교회 공간을 구분하여 영업허가를 정식으로 내고 카페를 운영하는 교회가 늘어나고 있다. 전에는 지역주민에게 무료로 제공하기도 했지만 두 번 이상은 미안해서 오지 않을뿐더러 아마추어적인 운영으로는 한계점만 드러날 뿐이다.

카페를 유료로 운영하고 더욱더 양질의 맛과 분위기를 제공하면 평일에도 활성화되는 살아있는 공간이 될 수 있다.

요한서울교회 카

CAFE
PLANET
coffee

CGN TV 홍보실 계획안

CGN TV 홍보실

영상TV 홍보실의 분위기를 감안하여 선명한 울트라 블루 색상을 액센트 컬러로 정하였다.
상담실의 색상은 인성컬러가 가미된 그린계열의 배색을 적용하면 상담자의 심신이 안정되는 효과를 가져올 수 있다.

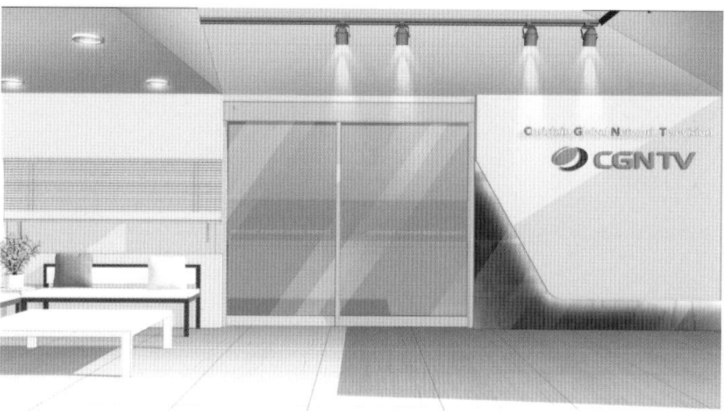

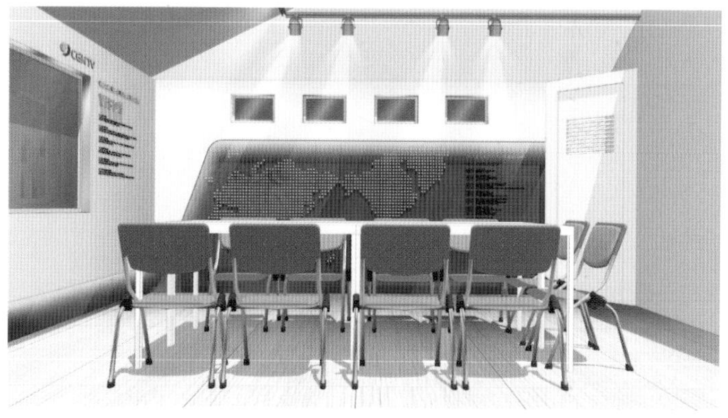

상담실

청소년교육실 EDUCATION ROOM

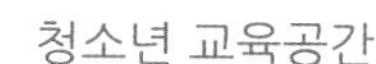

청소년 교육공간

라임그린과 스카이블루의 동색조화조

다용도 세미나실 1

다용도 세미나실 2

도, 미, 솔의 리드미컬한 색상 하모니

계단 참을 이용한 기하학적인 악보 진열장

성가대 입구 전경

REST ROOM

교회 출석하는 성비율은 공항의 경우와 반대로 여성이 압도적으로 많다.
성비율의 개념에 맞게 남녀 화장실의 규모를 조정하여야 하며,
특히 여자화장실의 경우 전실 개념을 만들어 파우더룸, 기저귀 교환대 등을 설치하여야 한다.

5 ASSORT AREA 어린이공간 KIDS CAFE & REST ROOM

출퇴근도장을 찍어야할것같은 키즈카페 입구 / BEFORE

"교회 4층에 지역사회를 위해 카페테리아와 어린이 도서실, 영유아시설을 신설했는데 지역주민들 반응이 썰렁했어요. 여러 방면으로 홍보도 했는데 안되는 이유를 분석했죠. 지금은 감성 및 감각시대임을 깨달았어요. 대상자의 눈높이로 다가가야 했던 것이죠. 무표정했던 건물입구에 이미지 월(벽)을 설치하고 작은 유휴공간에 놀이기구를 만들었는데 그 반응이 폭발적이었습니다."
서울 옥수교회 남기환 목사는 "이곳 '키즈앤마미' 입구가 너무 단조롭고 대기업의 게이트 같았는데 어린이를 위한 눈높이가 실현되자 어린이와 엄마들이 몰려왔다."고 밝혔다.

– 2017.01.23. 국민일보 미션지에서 발췌

KIDS CAFE & REST ROOM

KIDS CAFE & REST ROOM

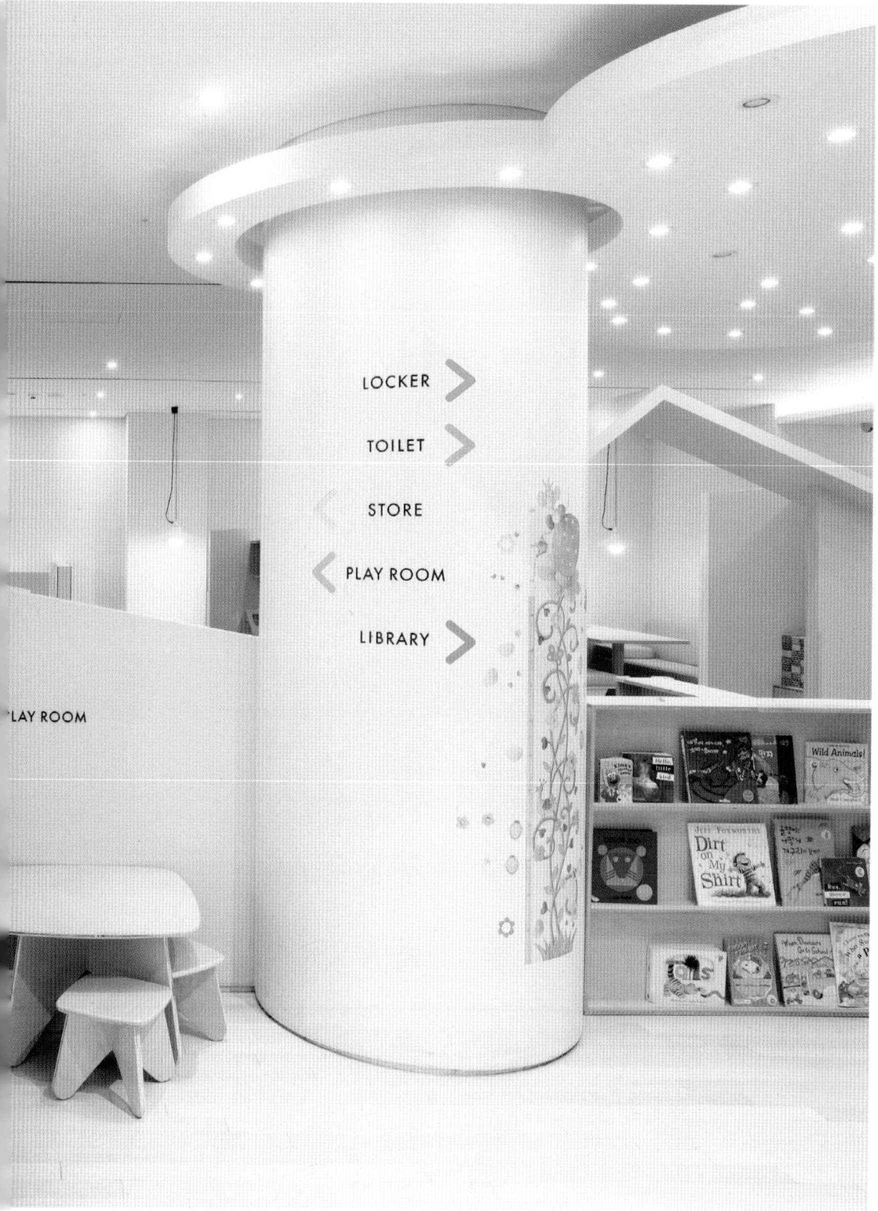

LOCKER
TOILET
STORE
PLAY ROOM
LIBRARY
PLAY ROOM

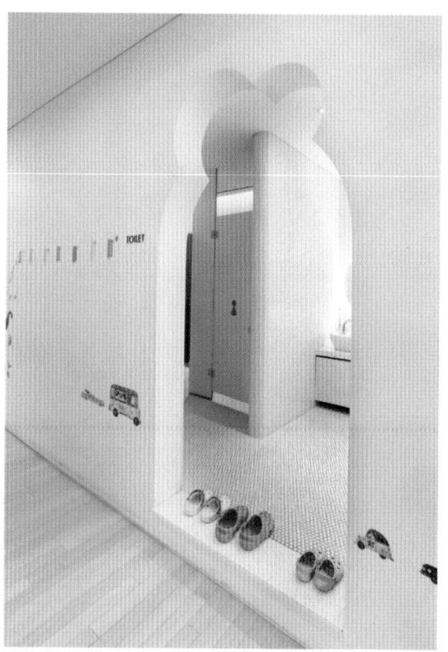

KIDS CAFE & REST ROOM

어린이 공간은 어린이의 눈높이에 맞추어 계획하여야 한다. 곰 발바닥을 상징화한 통로는 어린이에게는 상상력을 키워주는 캐릭터일 뿐 아니라 서너 살때의 감성적 경험이 몇십 년 후까지도 훈훈한 장면으로 기억될 것이다.

시각디자인 GRAPHIC DESIGN 6

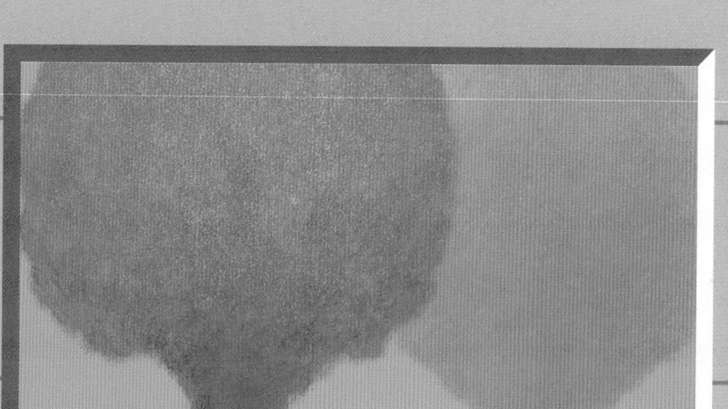

- 작품 (ART WORKS)
- 심볼 / 로고 타입
- 안내 사인 / 플래 카드 / 수퍼 그래픽

구숙현 성서는 '영원한 생명의 미스터리를 푸는 열쇠'

성서는 '영원한 생명의 미스터리를 푸는 열쇠'이자 활력의 보고이다. 작가 구숙현씨도 예외는 아닌것 같다. 그는 성서에서 삶의 진리를 찾고, 인생에서 최고의 가치가 어디있는지를 찾고, 또 증거한다. 그의 작품 내용을 살펴보면 하나님께로 향한 찬미의 노래, 또 그 분의 다르심, 복음을 선포하시는 예수님, 사도들의 행적 등등. 성서에 나타난 기사를 묵상하며 구체화하고 있다. 특히 여러 곳에 나타나는 성령의 날개에 대한 작가로서의 새로운 해석은 우리 모두에게 성령에 대한 구체적인 소망을 품게 한다.

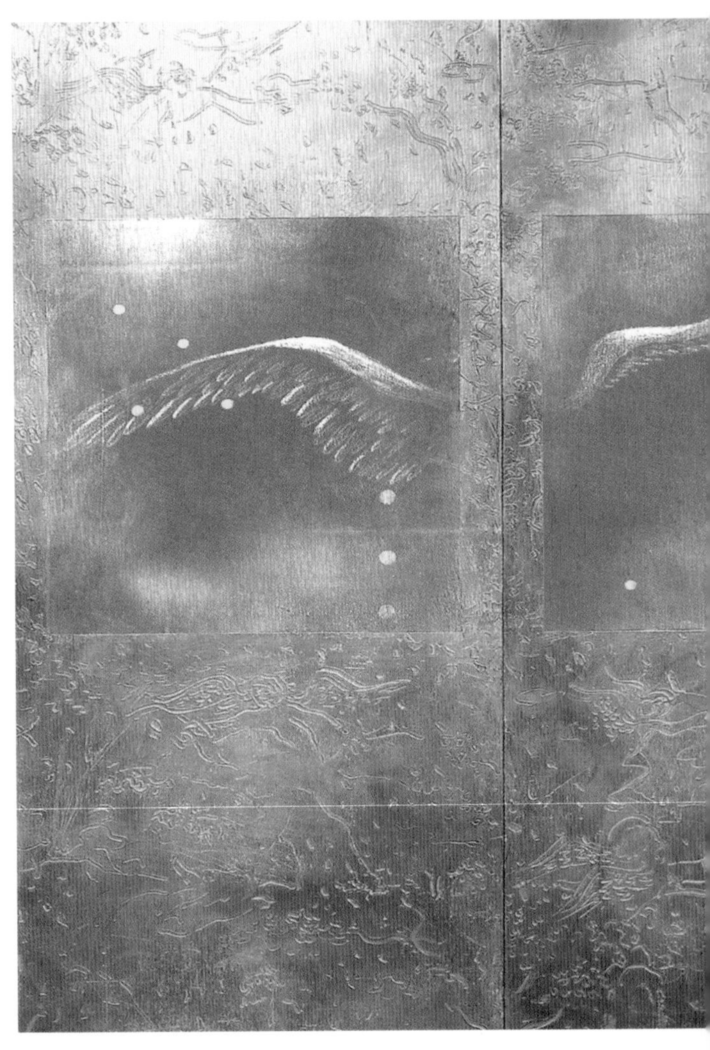

6 ART WORKS

민지현 이것으로 저는 족하옵니다

동

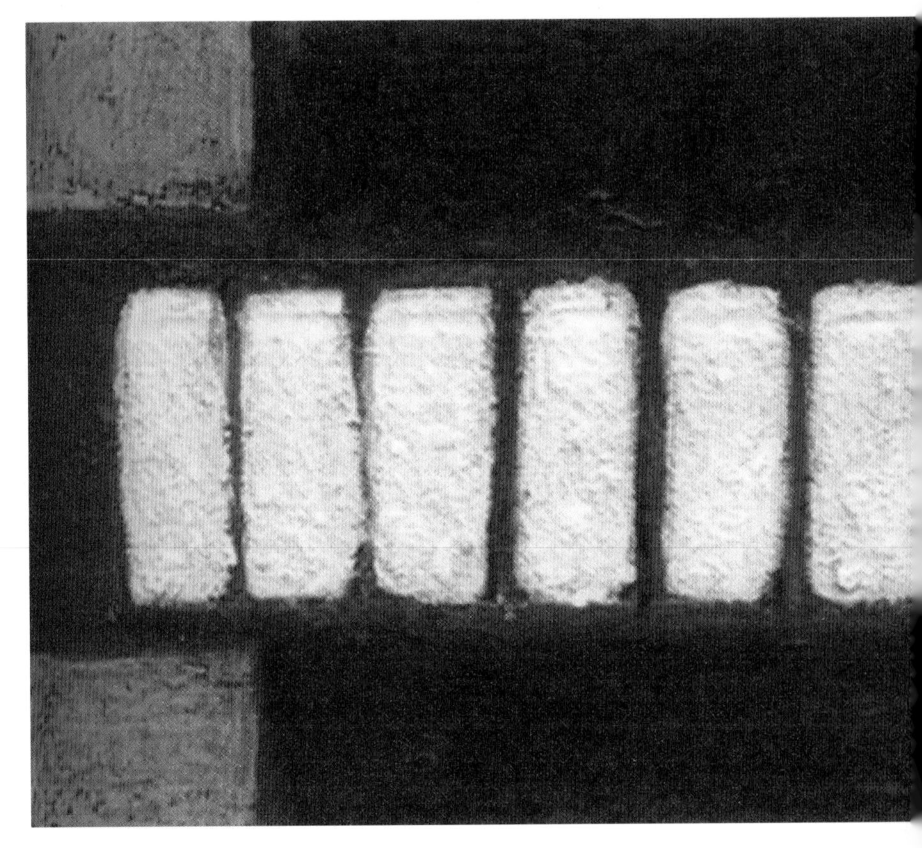

받으소서 주님
저의 모든 자유와
저의 기억과 지성
저의 모든 의지와
제가 가진 모든 것을 받아 주소서

당신이 이것들을 제게 주셨습니다.
주님, 이 모두를 돌려 드립니다.
모두가 당신 것이오니
당신 뜻대로 처리 하소서

제게는 당신의 사랑과 은총을 주소서
이것으로 저는 족하옵니다.

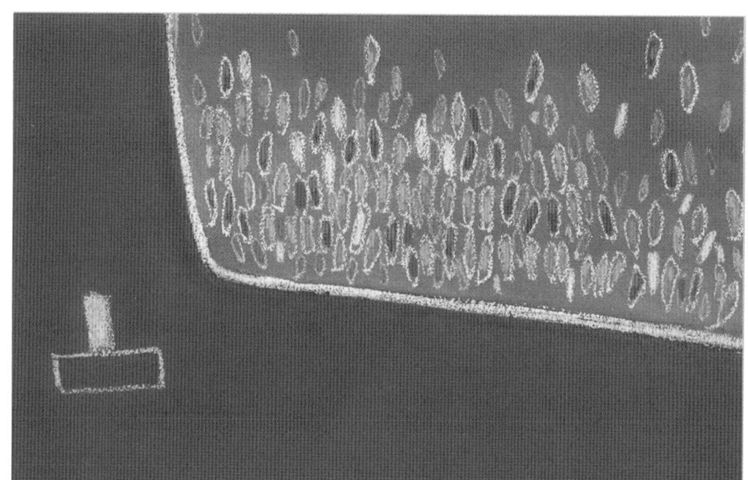

호숫가의 군중

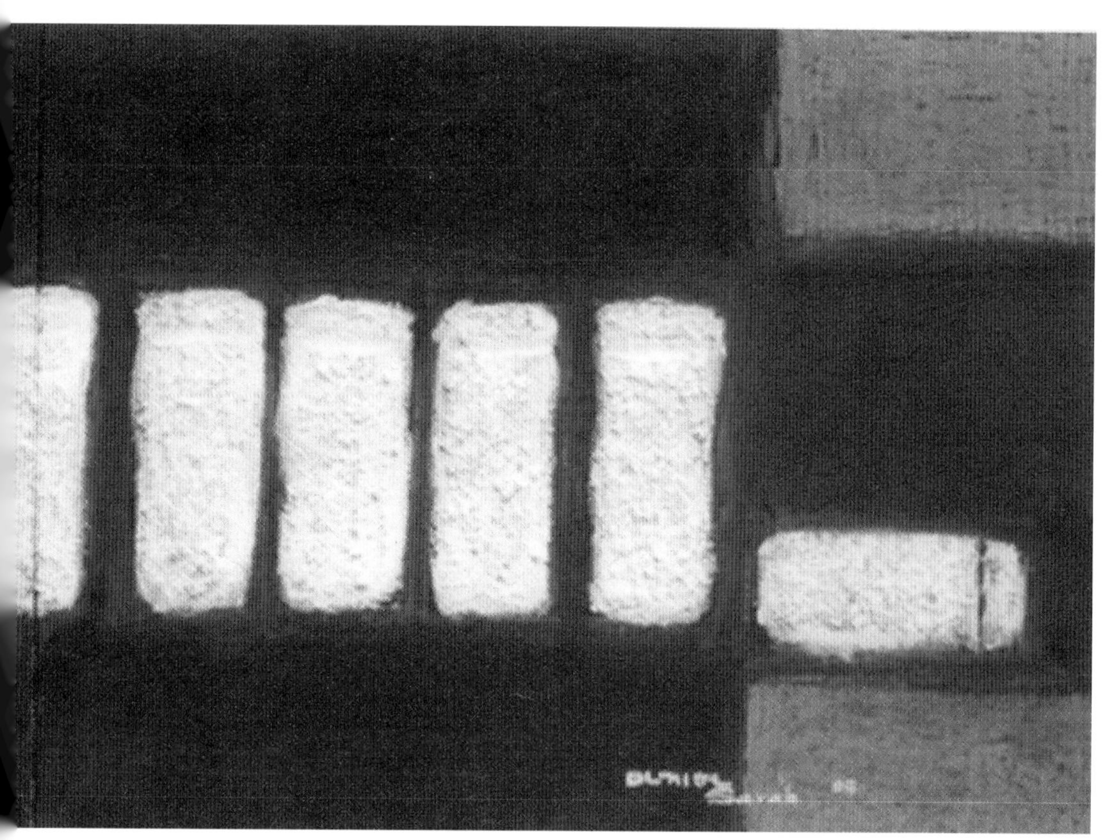

열두 제자

최선길 내 안에 다시 태어난 나무 '생명나무'

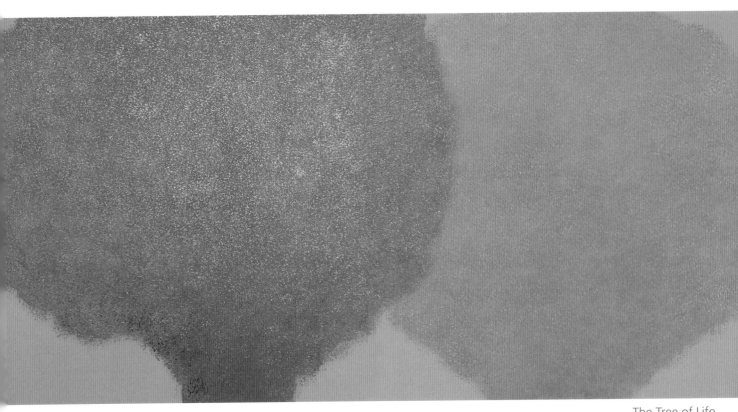

The Tree of Life

동산 가운데에는 생명나무와 선악을 알게 하는 나무도 있더라 (창세기 2:9)
이 세상을 살아가는데는 두가지 입장이 있다. 바로 선악을 알게 하는 나무의 입장과 생명나무의 입장이다. 세상의 일반적인 가치 기준은 선악과를 먹은 자들의 기준이다. 절대적인 선도, 절대적인 악도 없이 어차피 시간의 흐름에 따라 변해가는 것을 매일 눈만 뜨면 따지고 있다. 그런데 놀라운 것은 에덴동산 가운데에는 선악을 알게 하는 나무만 있지 않았다는 사실이다.

그 옆에는 '생명나무'가 아름답고 우아하게 서 있었다는 것이다. 성경이 사람을 나무에 비유하는 것은 인생의 놀라운 비밀이 나무의 원리와 같기 때문이다. 내가 없는 나, 나는 죽어 없어지고 그곳에는 다시 태어난 내가 사는 것 그것이 크리스챤이다. 나를 위해 죽은 씨앗 그가 예수님이다. 내 안에 다시 태어난 나무 '생명나무' 그 분이 성령님이시다. 나는 언젠가 죽는다. 하지만 이 생명나무는 영원하다. 이것이 본질이다.

커다란 비밀

최선길의 초기 작품에서는 인류의 죄를 대신지고 가야 했던 순교자로서의 인간예수와 나 자신의 신앙고백이 이분법적 구성으로 심도 있게 표현되고 있다. 가시면류관, 십자가 고난을 외면하지 못하고 본질적 양심에서 번민하던 작가 자신의 고백의 흔적들이 진하게 묻어 나와 있다. 물론 그 이후 죄책감에 근간을 두고 신앙의 본질을 찾아 방황하는 작업에서 벗어난 것, 또한 순전히 하나님의 은총이었다.

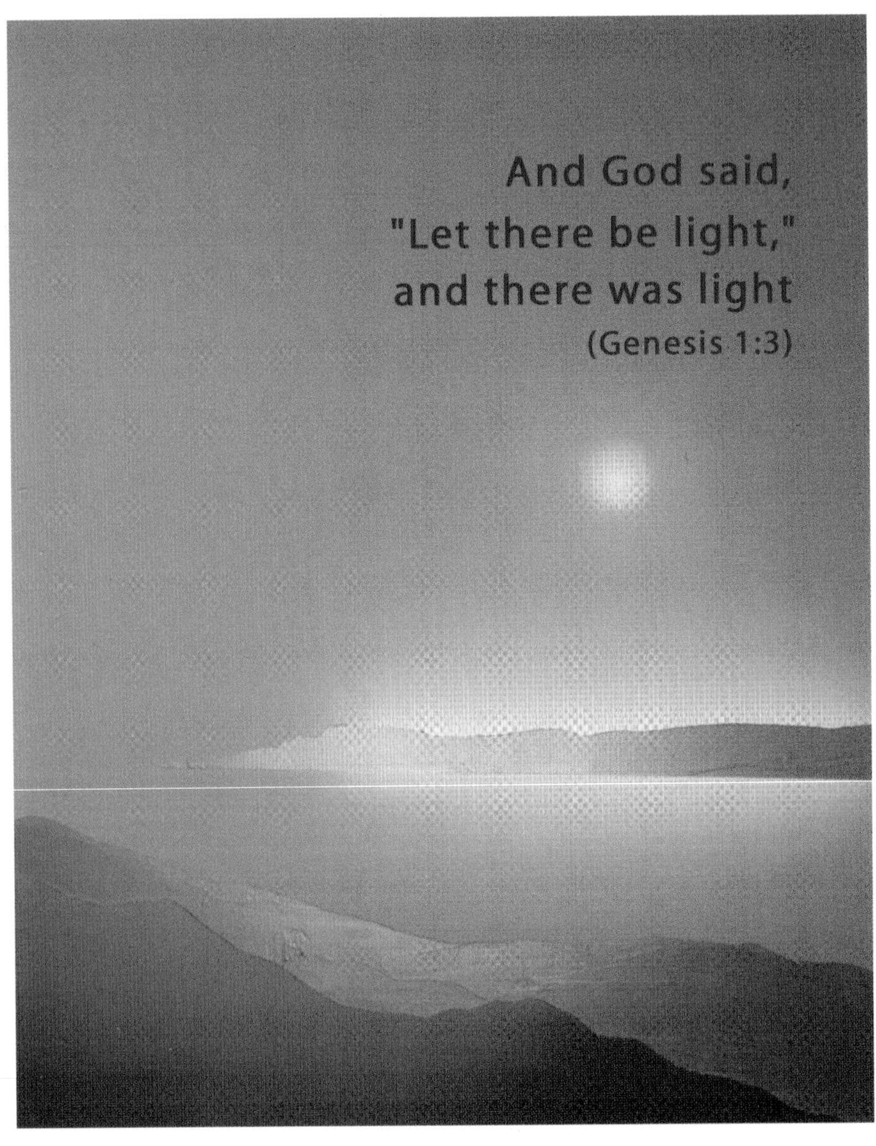
And God said,
"Let there be light,"
and there was light
(Genesis 1:3)

그동안 인류의 영원한 구원의 메시지인 성경의 모티브를 차용하여 인생의 깊이와 성찰의 미학을 예술적으로 표현하여 관람객들에게 선사해왔던 작가 박진원은 성서의 첫 번째 시리즈 창세기(Genesis)를 주제로하여 극한의 대비 즉, 빠름의 시대를 느림의 미학으로 변화의 시대를 일관성과 정체성의 미학으로 표현하고 있으며 지극히 현대적이며 반사성이 강한 메탈-알루미늄이라는 소재를 이용하여 모노톤의 캔버스위에 전통회화의 모티브를 차용하여 표현함으로써 고전과 현대의 대비와 함께 한국화적인 간결함을 선보이고 있다.

하동철 대칭구조가 지니는 종교적인 절대성

감히 그의 형상은 쳐다볼 수 조차 없다.
'제 뜻대로 마옵시고 아버지의 뜻대로 하옵소서'
감성적인 따뜻한 색상과 밝은 명도에서
거룩과 순결의 색조, 보라톤으로 완성되어지고 있다.
감동은 작가의 치밀하고 냉철한 연출에 의해서
그 완성도를 높일 수 있는 것이다.

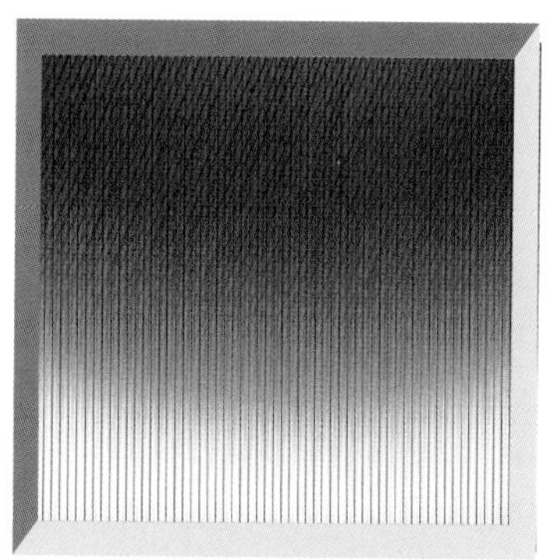

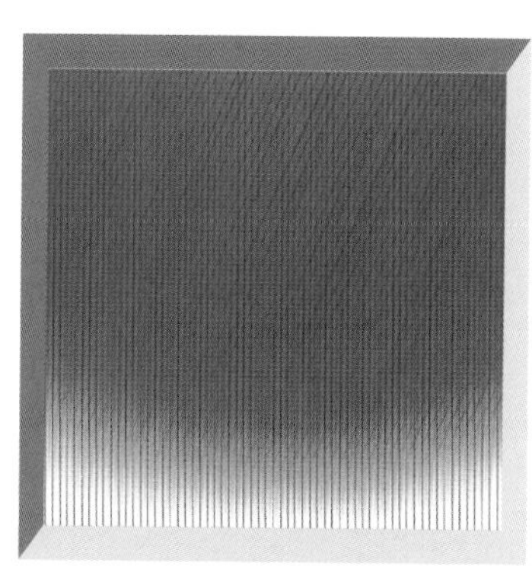

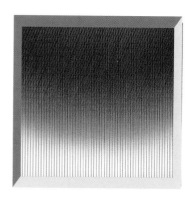

글/김춘수 그림/전후연

내가 그의 이름을 불러주기 전에는
그는 다만 하나의 몸짓에 지나지 않았다.
봄

내가 그의 이름을 불러 주었을때
그는 나에게로 와서 꽃이 되었다.
여름

그에게로 가서
나도 그의 꽃이 되고 싶다.
가을

너는 나에게 나는 너에게
잊혀지지 않는 하나의 눈짓이 되고 싶다.
겨울

GRAPHIC DESIGN의 예

우물가의 여인 / 슈퍼 그래픽

김점선

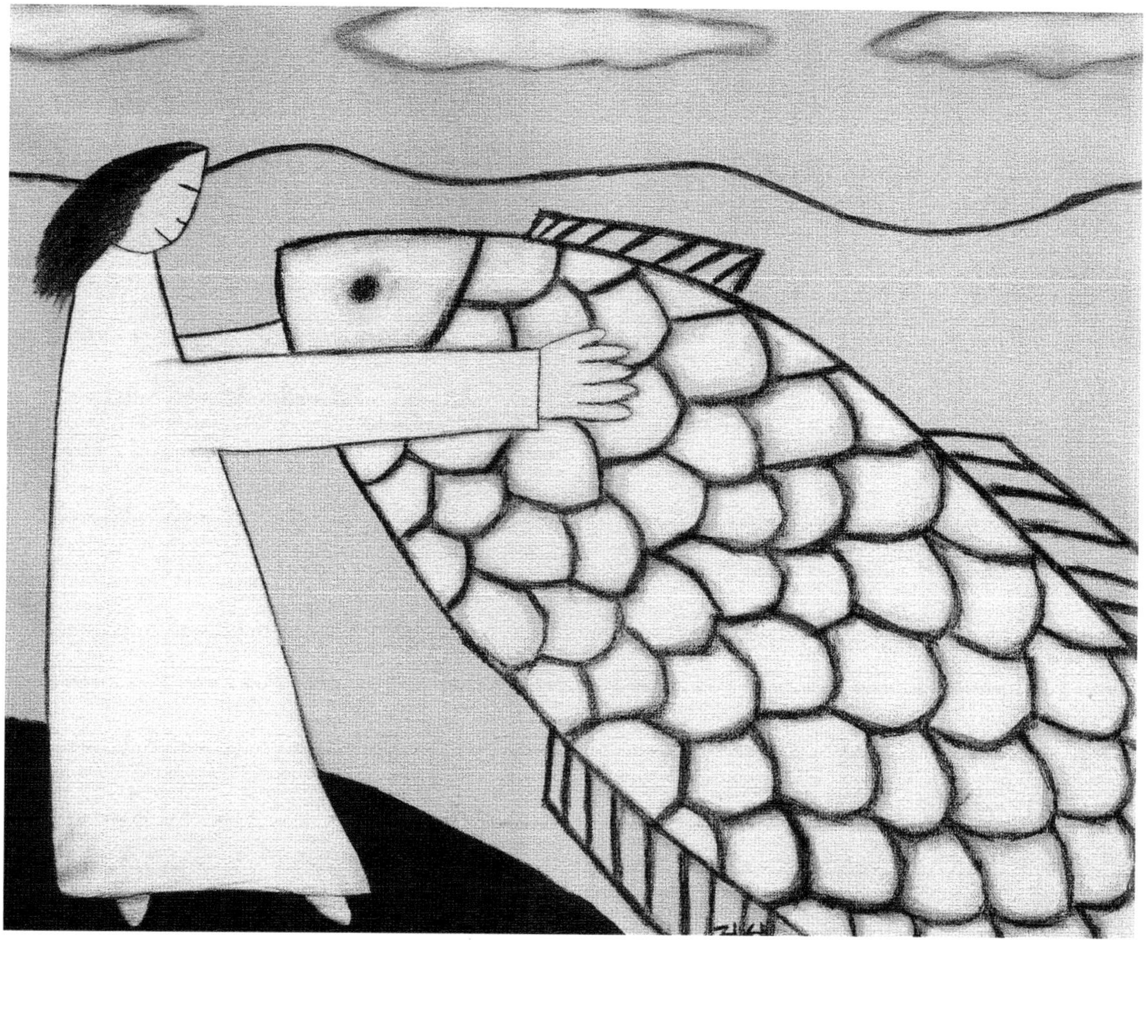

에칭 그래픽을 통한 창의 표정

이전에는 유리를 모래로 불어내어 어렵게 에칭패턴을 만들었으나 지금은 여러가지 문양의 에칭필름이 개발되어 일반인도 작업이 가능하게 되었다. 반투명 엠보싱 필름에 의해 조명이 간접 투과되므로 폐쇄감을 줄일 수 있으며 패턴에 의해 차단의 수위를 조절할 수 있다.

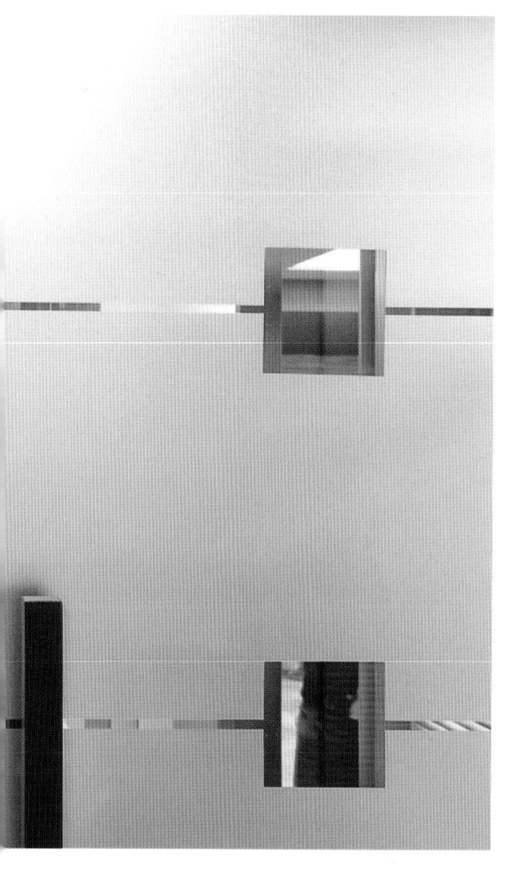

GRAPHIC DESIGN - SIGN PLAN

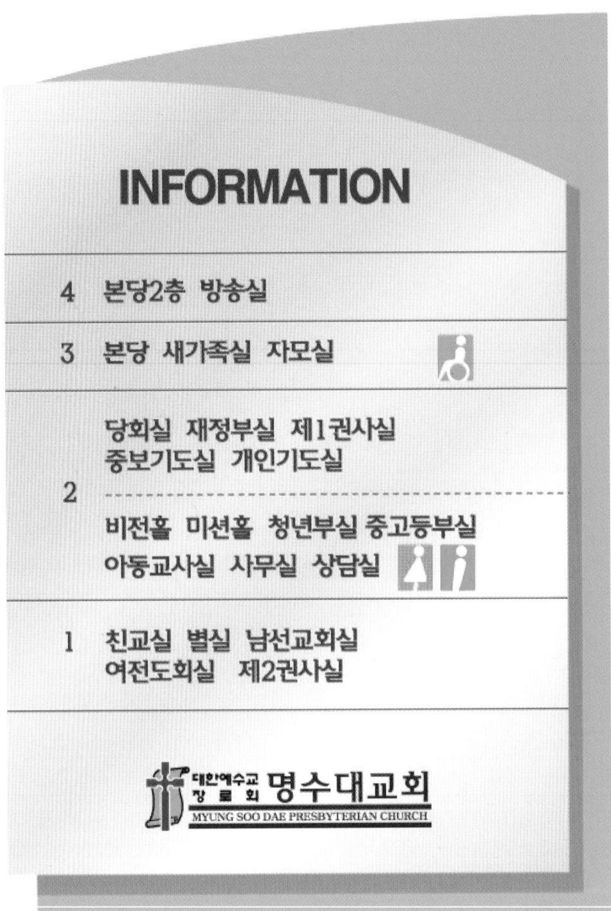

중예배실
Secondary Worship Hall
천산중앙교회

당회의실
Elder' s room
천산중앙교회

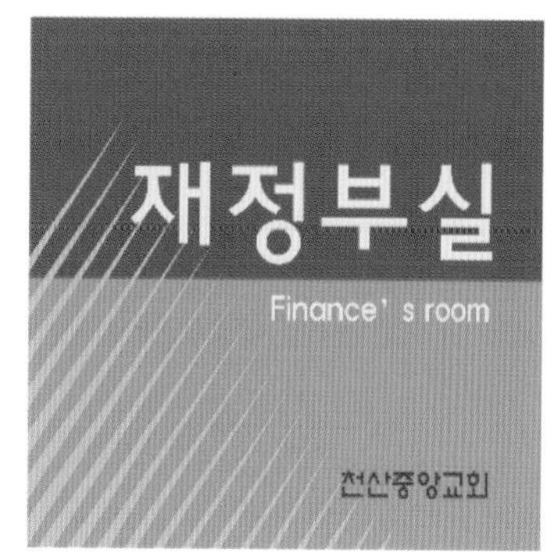
재정부실
Finance' s room
천산중앙교회

GRAPHIC DESIGN - SIGN PLAN

Information

6F 안디옥 성전 / 고등부 사무실
Antioch Sanctuary / High School Ministry

5F 성가대실 / 성경공부실 / 영아부실 / 교역자실
Choir Room / Bible Study Room / Toddler Room / Pastor's Office

4F 로고스 몬테소리 선교원
Logos Montessori Kindergarten

3F 벧엘 성전 / 교회학교 사무실
Bethel Sanctuary / Sunday School Office

2F 베들레헴 성전 / 엘림 카페 / 청년부 사무실
Bethelhem Sanctuary / Elim Cafe / Young Adult Ministry

1F 사무실 / 예루살렘 성전 2층
Church Office / Jerusalem Sanctuary Upper Floor

B1 유 아 부 실
Kindergarten Ministry

B2 예루살렘 성전
Jerusalem Sanctuary , Main Worship Hall

B3 가나홀 / 새가족부실 / 선교회실 / 성가대실
Dining Hall / Welcome Lounge / Mission Room / Choir Room

LOGOS CHURCH

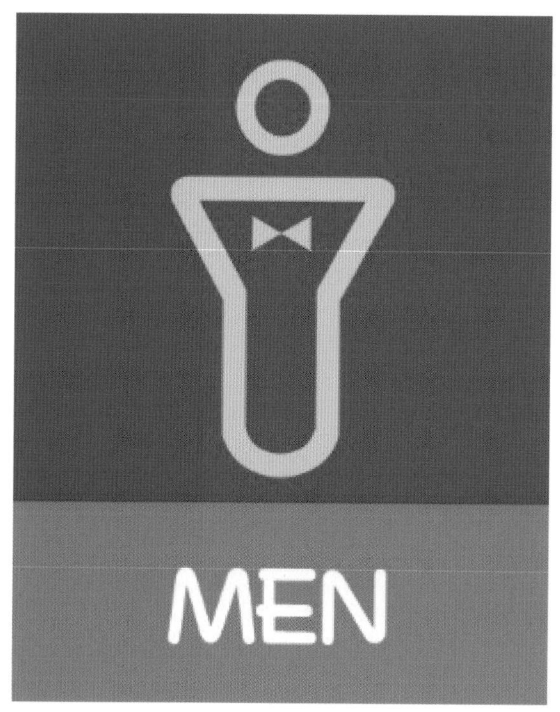

여성의 상징인 리본과 남성의 상징인 나비 넥다이를 모티브로 하여 화장실 픽토그램을 완성하였다. 청색과 노란색을 교차로 대비하여 주조색 및 보조색으로 계획하였다.

GRAPHIC DESIGN - SIGN PLAN

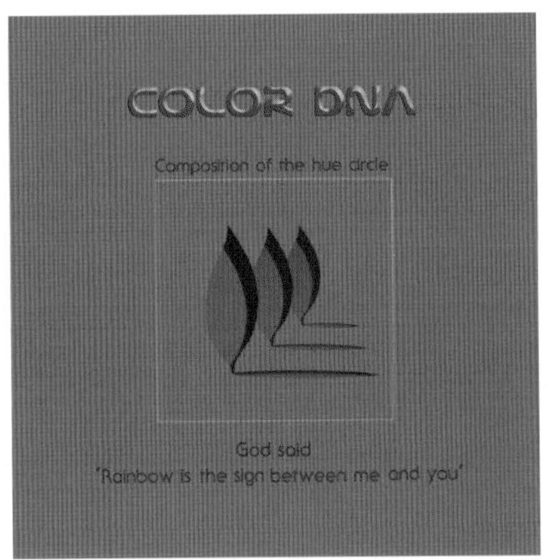

RAINBOW

사람人 + 나무 木 (온누리 나무동산)

하나님의가정훈련학교

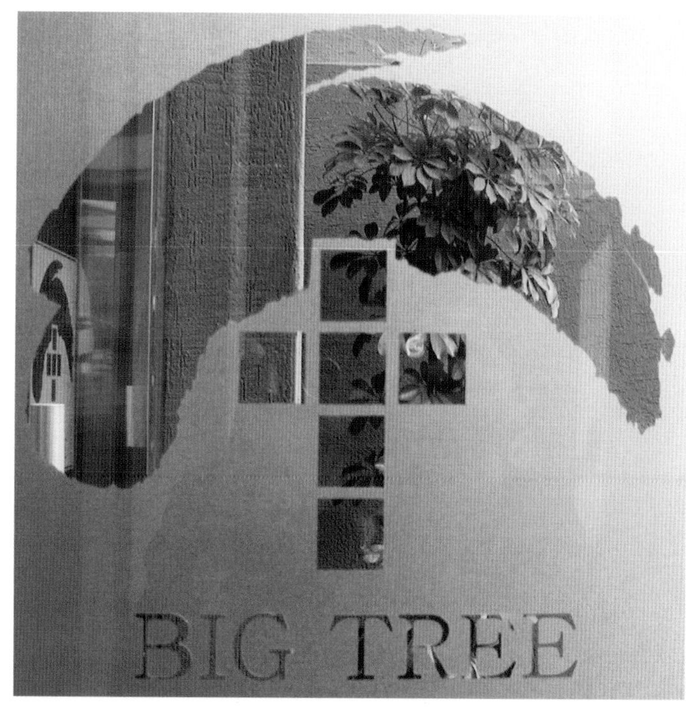
BIG TREE

정기섭 내게 아무것도 없을지라도...

100-1=0

100% 성공한 인생이라도 하나님이 빠지면 아무것도 아닙니다

0+1=100

우리 인생이 아무것도 없는 빈손이라도 십자가의 예수 그리스도를 붙잡으면 100% 성공한 인생입니다.

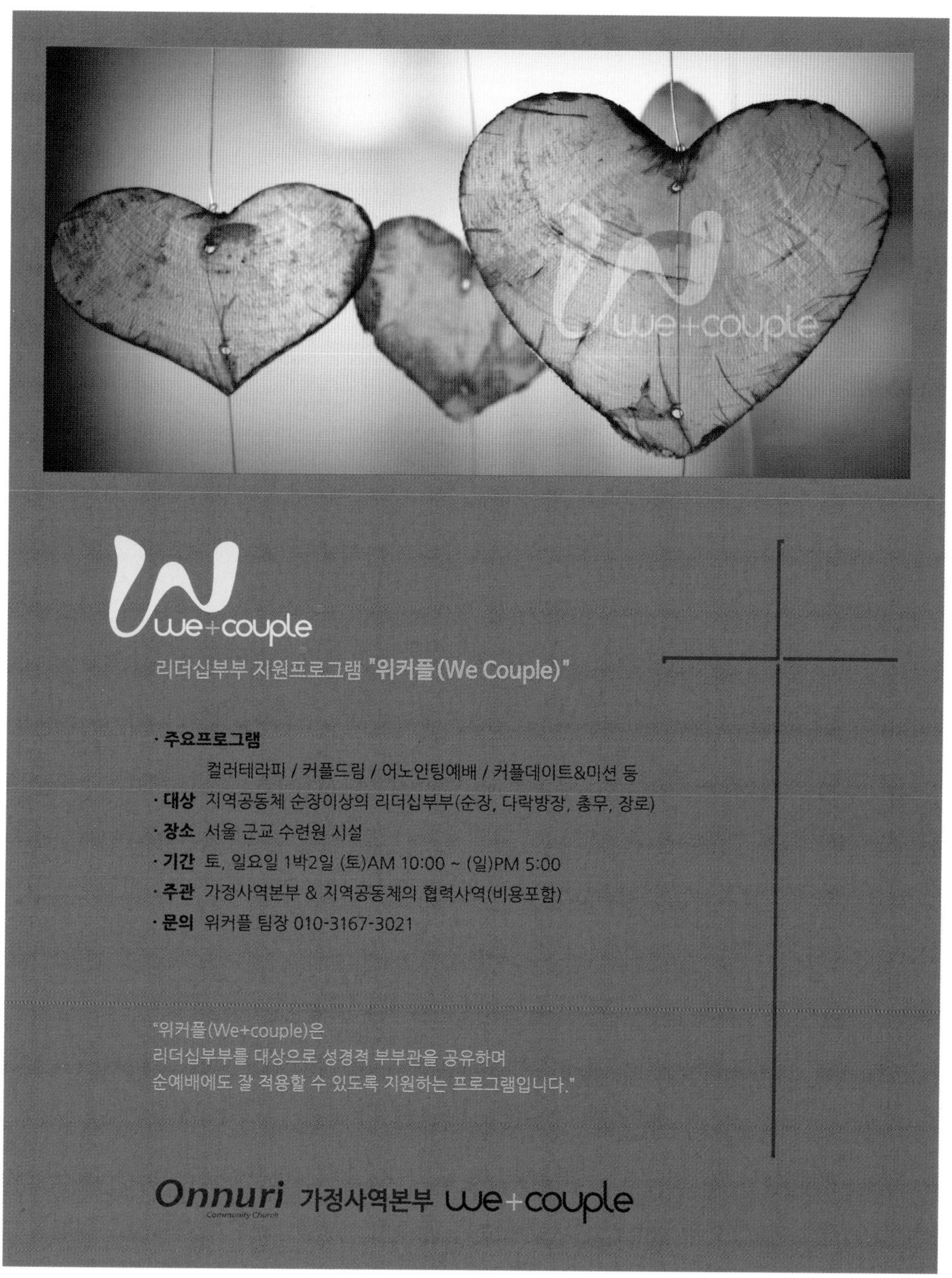

we+couple
we+couple
리더십부부 지원프로그램 "위커플(We Couple)"
· 주요프로그램
컬러테라피 / 커플드림 / 어노인팅예배 / 커플데이트&미션 등
· 대상 지역공동체 순장이상의 리더십부부(순장, 다락방장, 총무, 장로)
· 장소 서울 근교 수련원 시설
· 기간 토, 일요일 1박2일 (토)AM 10:00 ~ (일)PM 5:00
· 주관 가정사역본부 & 지역공동체의 협력사역(비용포함)
· 문의 위커플 팀장 010-3167-3021
"위커플(We+couple)은
리더십부부를 대상으로 성경적 부부관을 공유하며
순예배에도 잘 적용할 수 있도록 지원하는 프로그램입니다."
Onnuri 가정사역본부 we+couple

유승윤 / We couple

온누리가족나무동산

PHILL DESIGN

온누리 나무동산의 청사진. 아낌없이 주는 나무를 새 장묘문화의 대안으로 설정, 나무를 통한 생명의 기쁨과 소망을 바라보고 했다. 각 묘지에는 단풍나무를 심어 가족 임종시 유골의 일부를 이 가족나무에 뿌려준다. '지금도 나무는 자라고 있어요.'라는 주제가 가족나무 동산의 컨셉트를 한마디로 요약해준다.

'지금도, 나무는 자라고 있어요'

온누리 나무동산을 통해 아낌없이 주는 나무와 하나되는
새로운 장묘문화를 제안합니다. 주 관 : 온누리복지재단

이성애